FACULTÉ DE DROIT DE TOULOUSE.

DE L'INDIGNITÉ

EN MATIÈRE DE SUCCESSION

EN DROIT ROMAIN ET EN DROIT FRANÇAIS.

THÈSE POUR LE DOCTORAT

SOUTENUE

Par EDMOND de CAPÈLE,

AVOCAT,

Né a Toulouse (Haute-Garonne).

TOULOUSE

TYPOGRAPHIE DE BONNAL ET GIBRAC,

RUE SAINT-ROME, 44.

1866.

FACULTÉ DE DROIT DE TOULOUSE.

DE L'INDIGNITÉ

EN MATIÈRE DE SUCCESSION

EN DROIT ROMAIN ET EN DROIT FRANÇAIS.

THÈSE POUR LE DOCTORAT

SOUTENUE LE MERCREDI 18 AVRIL 1866, A 1 HEURE,

PAR EDMOND DE CAPÈLE,

AVOCAT,

Né à Toulouse (Haute-Garonne).

TOULOUSE

TYPOGRAPHIE DE BONNAL ET GIBRAC,

RUE SAINT-ROME, 44.

1866

FACULTÉ DE DROIT DE TOULOUSE.

MM. CHAUVEAU ADOLPHE ✳, doyen, *professeur de Droit Admi-nistratif.*

DELPECH ✳, doyen honoraire, *professeur de Code Napoléon, en congé.*

RODIÈRE ✳, *professeur de Procédure Civile.*

DUFOUR ✳, *professeur de Droit Commercial.*

MOLINIER ✳, *professeur de Droit Criminel.*

BRESSOLLES, *professeur de Code Napoléon.*

MASSOL ✳, *professeur de Droit Romain.*

GINOUILHAC, *professeur de Droit Français*, étudié dans ses origines féodales et coutumières.

HUC, *professeur de Code Napoléon.*

HUMBERT, *professeur de Droit Romain.*

ROZY, agrégé, *chargé du cours d'Economie politique.*

POUBELLE, agrégé, *chargé d'un cours de Code Napoléon.*

M. DARRENOUGUÉ, Officier de l'Instruction publique, Secrétaire Agent-comptable.

Président de la thèse : M. G. HUMBERT.

Professeurs : M. CHAUVEAU ADOLPHE.

M. GINOUILHAC.

M. ROZY, *agrégé.*

M. POUBELLE. *agrégé.*

A MON PÈRE, A MA MERE.

—

A mon oncle M. Edmond de Capèle.

BIBLIOGRAPHIE.

————

Cujaccius, *Recitationes solemnes*, ad Codicem Justinianum. L. VI, tit. XXXV. — Pothier, *ad Pandectas*, de his quæ ut indignis auferuntur. — Mathœus, de criminibus ; de auferenda sicario hæreditate interfecti. — Voetius, *ad Pandectas*, de his quæ ut indignis..... — Machelard, *Revue historique* ; année 1858, Droit d'accroissement. — Ortolan, *Explication des Institutes de Justinien*. — Hœberlin, *de bonis ereptitiis ;* Iena, 1802. Schilling, *Animadversiones ad Ulp*. IV. IV ; Lipsiæ, 1831, p. 7 et suiv. — Schneider, *Anwachsungsrecht bei legaten ;* Berlin, 1837, p. 94 et suiv. — Danz, *Rechtsgeschichte*, II, p. 80 et suiv., Leipsig, 1840-1846. — Rudorff, *Romische Rechtsgeschichte* ; Leipsig, 1859, I, p. 126 et suiv.; p. 112 et 116 ; II, p. 277. — Walter, *Rom. Rechtsgeschichte*, II, n° 688. — Zimmern, *Grundriss des Erbrechts*, p. 78 et suiv.—Vangerow, *Lehrbuch der Pandekten*, tome II, § 565 de la 7e édition ; Marburg et Leipsig, 1863.

————

INTRODUCTION.

———

Une des plus belles prérogatives du droit de propriété est le pouvoir de disposer, pour le temps où l'on ne sera plus, des biens dont on a joui pendant sa vie. Soumise chez plusieurs peuples à certaines restrictions, cette liberté est absolue dans les pays où l'autorité paternelle emprunte aux institutions politiques une plus énergique puissance. Le père, seul juge de l'opportunité et de la convenance de ses actes, peut punir ou récompenser les membres de sa famille ; les admettre à sa succession ou les en exclure par la voie de l'exhérédation. Sa volonté est la règle suprême : « *Uti legassit super pecunia tutelave* » *suæ rei, ita jus esto.* »

Il peut arriver cependant que l'hérédité n'ait pas été déférée par le père, soit qu'il n'ait pas usé de son droit

1

ou qu'il n'ait pas eu la capacité suffisante pour disposer de ses biens, soit que le testament lui-même fût infecté d'un vice qui en entraînait la nullité. Dans tous ces cas, la loi, se préoccupant du sort de ces biens demeurés sans maître, suppléait, d'après les principes constitutifs de la famille et les affections présumées du défunt, au testament qu'il n'avait pas fait.

On reconnaissait donc une double cause de la transmission de l'hérédité : la volonté de l'homme (1) et les prescriptions de la loi.

Le père était aussi investi, nous l'avons dit, du droit d'exhéréder ses descendants. Dans le cas où il ne l'avait pas exercé, et où cependant des fautes graves avaient été commises contre lui par l'héritier légitime ou testamentaire, la loi, venant au secours de l'initiative privée en défaut, prononçait l'exhérédation que le défunt était présumé n'avoir pas eu le loisir de formuler. Cette sorte d'exhérédation légale constituait l'indignité qui fait le sujet de cette étude.

Nous pouvons, dès à présent, la définir : l'exclusion à titre de peine d'une succession légalement acquise. Nous verrons dans le courant de ce travail les conséquences importantes qui découlent de ce principe.

La théorie de l'indignité est basée sur des idées de l'ordre le plus élevé. Il eût été contraire à la fois à la

_____

(1) Cependant chez les Romains, elle revêtait d'abord un caractère législatif.

morale et à l'équité de laisser paisiblement jouir d'une succession l'héritier coupable d'avoir méconnu à l'égard de son auteur les devoirs de l'affection ou de la reconnaissance. C'est là ce que comprirent, à toutes les époques de l'histoire, tous les législateurs éclairés.

Peu importe, d'ailleurs, que la vocation de l'héritier résulte de la loi ou du testament. En droit romain même, quoique les dispositions les plus nombreuses aient trait à la succession testamentaire, on trouve plusieurs textes qui prononcent l'indignité contre les héritiers légitimes.

Cela devait être : les liens du sang imposent des obligations aussi étroites que les sentiments de la reconnaissance.

Cependant, il faut le reconnaître, l'exclusion pour cause d'indignité, tout en demeurant une peine infligée à l'héritier coupable, perdit, en droit romain, quelque chose de son caractère primitif. Les biens enlevés aux indignes, en effet, étaient attribués au fisc. De là, une source d'abus et d'exagérations à l'époque où le trésor de l'Etat se confondit avec celui du Prince. La pénurie croissante des finances fut cause que l'on se montra plus facile pour prononcer l'indignité. Les plus légères infractions furent frappées de cette peine, et le rigorisme de la loi ne connut pas plus de bornes que la fiscalité impériale.

C'est ainsi qu'une institution éminemment juste en

principe dégénéra bientôt en une mesure fiscale. On peut presque affirmer que c'est là son caractère dominant dans le dernier état du droit. C'est assez dire que les causes d'indignité se multiplièrent presque à l'infini.

Nous allons les faire connaître au moins dans leur généralité, et leur ensemble. Pour mettre un peu d'ordre dans cette exposition, nous adopterons la classification suivie par Pothier, qui nous paraît la plus conforme aux exigences d'une bonne méthode.

DROIT ROMAIN.

CHAPITRE PREMIER.

CAS D'INDIGNITÉ PROVENANT D'UNE INFRACTION AUX LOIS.

§ 1.

Le mariage n'était pas permis à Rome entre toutes personnes. Ainsi les lois reconnaissaient de nombreux empêchements dérivant, soit de la parenté au degré prohibé, soit de motifs empruntés à l'organisation politique ou sociale des Romains (1).

Tout mariage contracté au mépris de ces prohibitions entraînait, entre autres conséquences, ce résultat que l'époux coupable était indigne de rien recevoir de la personne qu'il avait épousée.

C'est ainsi que le tuteur qui se marie avec sa pupille

_____

(1) V. Inst. Justin. L. I, tit. 10; Dig. liv. XXIII, tit. 2. — Cod. l. V, t. 4; Cod. Theod., *de incest. nupt.*, L. III, tit. 10. — Gaius, com. I, §§ 56 et suivants.

ne peut rien recevoir d'elle par testament (L. 128, D. *de legatis*, 1°, 30, 1).

La femme, qui pendant l'année de deuil contracte un second mariage, perd les dons et legs qui lui ont été faits par son premier époux et ne peut rien recevoir du second à titre de disposition de dernière volonté (L. 1, C. *de secundis nuptiis*, 5, 9) (1).

La précipitation qu'elle a mise à oublier ses premiers serments et l'infamie qui s'attache à une pareille conduite légitiment ces dispositions rigoureuses de la loi. Son second époux ne peut non plus rien recevoir d'elle au-delà d'une certaine fraction de son patrimoine que la loi détermine. Les biens qui sont enlevés à la femme ne sont pas attribués au fisc, mais sont recueillis par les cohéritiers ou les héritiers *ab intestat* : « *Ne in his qui-* » *bus in correctionem morum induximus fisci videamur* » *habere rationem.* » Principe juste et moral qu'il est regrettable de ne pas voir plus souvent appliqué.

L'homme qui exerce une fonction publique dans une province ne peut pas épouser une femme originaire de cette même province. S'il l'épouse, il est indigne de recueillir les libéralités qui lui seront faites par elle (L. 2, § 1, D. *de his quæ...*).

La même peine est encourue par les personnes qui, parentes au degré prohibé par la loi, ont contracté des unions incestueuses. Le châtiment est assez sévère pour n'être appliqué que dans le cas où la culpabilité est certaine. L'erreur n'est pas toujours facile en pareille

---

(1) *Eamdem quoque mulierem infamem redditam hæreditates ab intestato, vel honorarias, non ultra tertium gradum sinimus vindicare,* ajoute le texte.

matière ; cependant, lorsqu'elle sera constatée, elle fera fléchir les justes rigueurs de la loi (L. 4, C. 5, 5).

L'indignité est ici prononcée contre les deux époux ; cela résulte de la nature même de l'empêchement qui s'opposait à la formation du mariage et dont le mépris ne peut résulter que de la faute des deux conjoints. Dans tous les autres cas, la femme conservait les libéralités qui lui étaient faites par son mari. Cette solution, formellement donnée par les textes lorsqu'il s'agit du tuteur, peut être, croyons-nous, appliquée, par analogie de motifs, à la femme épousée par le gouverneur de la province.

§ 2.

La femme de mauvaise vie ne peut rien recevoir par testament militaire du soldat qui s'est associé à ses débauches. (L. 14, D. *de his quæ...*)

L'homme condamné pour adultère ne pourra non plus rien recevoir de sa complice qu'il aurait épousée après sa condamnation. (L. 13, D. *de his quæ...*)

Ce résultat se produit, bien que la condamnation n'ait pas frappé la femme. Les termes de la loi sont formels. D'ailleurs, et par une juste réciprocité, la femme est aussi privée des choses qui lui sont données par son mari. Il y a dans l'espèce deux causes d'indignité, celle dérivant du *stuprum* ou union illicite, et celle qui provient de l'infraction à une loi du mariage.

Bien que Papinien ne parle que du cas où le mari adultère a épousé sa complice, nous pensons que l'on pourrait appliquer la même solution si le mariage n'avait pas été contracté. Des deux causes qui faisaient prononcer l'indignité, une seule subsisterait; mais elle serait suffisante pour amener l'application de la règle. Dans le cas *de stuprum,* les donations entre vifs étaient permises et produisaient leur plein et entier effet (L. 5 , D. *de donationibus*) (1).

On supposait que le dessaisissement actuel que suppose la donation était un frein suffisant contre les entraînements de la passion ou les suggestions de l'intérêt.

D'ailleurs, les personnes engagées dans les liens du concubinat peuvent se faire des donations réciproques et ne sont pas indignes de les recevoir; elles peuvent même faire des testaments en faveur l'une de l'autre. (L. 16 , D. *de his quæ...*)

Il n'y a d'exception que pour le cas où une affranchie a été la concubine de son patron.

La règle générale que nous venons de formuler se comprend sans peine; mais l'explication du texte tout entier donne lieu à de sérieuses difficultés.

Voici quelle serait, d'après Cujas, l'espèce visée par le jurisconsulte. Cocceius Cassianus , sénateur, avait épousé Rufina, femme ingénue. Cela résulte des termes mêmes de la loi : *honore pleno dilexerat.* Cet *honos,* en effet, est le seul indice qui puisse faire distinguer une épouse d'une concubine. Rufina meurt et le sénateur institue la fille de celle-ci , en la désignant dans son testament sous le nom de son élève.

_____

(1) Il n'en était pas de même dans le cas d'unions contractées *contra leges. Nihil enim propter injustum matrimonium capi potest.* (L. unique, D. *unde vir et uxor.*)

Il n'avait pu l'épouser parce qu'elle était sa belle-fille, et ne pouvait pas non plus la prendre pour concubine, à cause de sa qualité de fille ingénue, à moins qu'elle ne se fût antérieurement prostituée. C'est là ce qu'il faut supposer pour pouvoir interpréter le texte. Au lieu donc de *vulgo quæsitum apparuit*, il faut lire : *vulgo quæstum fecisse apparuit*. C'est ainsi que Cujas, rectifiant ce qu'il considère comme une erreur du copiste, arrive à dire que la fille de Rufina, instituée héritière, ne sera pas déclarée indigne, puisqu'elle est simplement la concubine d'un riche sénateur.

Il faut en principe, croyons-nous, se tenir en garde contre les systèmes qui ne peuvent être admis qu'en faisant subir au texte de graves modifications. Rien d'ailleurs dans la loi que nous étudions ne prouve que la fille de Rufina ait été concubine : la loi ne parle, en effet, que de cette dernière. Cela étant admis, voici l'explication qui se présente tout naturellement et que nous adopterons en nous autorisant de l'opinion de Pothier.

La fille instituée était née de Rufina avant ses rapports avec Cocceius et *vulgo quæsita*. Rufina s'était donc prostituée ; ce qui avait pour effet de rendre nul son mariage, quel que fût l'*honos* avec lequel elle pouvait être traitée. Le fisc ne pouvait donc pas faire subir la question à cette fille comme personne interposée, car sa mère n'était pas incapable de recevoir.

§ 3.

Les lois caducaires, auxquelles leur auteur attribuait une importance politique si considérable, devaient être sévèrement observées.

Cependant, dans les premiers temps, la prohibition de
recevoir ne s'appliquait qu'aux choses qui étaient léguées
ou données directement; elle ne s'étendait pas à l'institution récente des fidéicommis. C'est ce qui explique ce
singulier résultat que les *cœlibes* et les *orbi* pouvaient
recueillir par fidéicommis ce qu'ils ne pouvaient pas recevoir par legs (Gaius, II, § 286). M. Machelard pense
que le préteur chargé de faire exécuter les fidéicommis refusait son appui à ceux qui invoquaient un pareil
titre : ce ne sont là cependant que des suppositions. Il ne
serait pas étonnant, d'après la rigueur du vieux droit
quiritaire, que ce magistrat favorisât les parties qui élu-
daient la loi Pappia Poppœa, si cette violation pouvait
être permise par d'autres dispositions législatives. Le
sénatus-consulte Pégasien, rendu comme l'on sait sous
Vespasien, vint faire cesser cet abus et proclama la caducité des fidéicommis.

Le fisc, ici encore, recueillait les biens qui étaient
enlevés aux célibataires et aux *orbi*. De là le soin jaloux
avec lequel on réprimait toutes les infractions. Ainsi,
l'héritier qui se chargeait de transmettre à une personne
incapable le bénéfice d'un legs, était déclaré indigne de
réclamer les choses qu'il aurait pu recueillir en sa qualité de *Pater*, à raison de la caducité des autres dispositions (Ulpien, *Reg.*, § 17, titre 25). De plus, les
biens compris dans le fidéicommis étaient attribués au
fisc en totalité.

La preuve d'un semblable fidéicommis pouvait résulter d'un *chirographum*, ou même, suivant Gaius,
d'une *nuda pollicitatio*. (L. 10, D. *de his quœ...*) On se
montrait en effet facile sur la preuve, tant il paraissait

utile d'assurer le maintien des lois caducaires. Ce qui rend surtout dans l'espèce l'héritier digne de châtiment, c'est la précaution qu'il prend pour cacher sa faute. L'indignité, au contraire, ne sera pas prononcée si le fidéicommis est déclaré dans le testament ou même dans un codicille. Un pareil fait ne peut s'expliquer que par l'ignorance ou la bonne foi des parties. *Non intelligitur fraudem legi fecisse qui rogatus est palam restituere.* (L. 3, D. *de jure fisci*). Le § 3 de la même loi dit d'ailleurs que la fraude, lorsqu'il n'y a pas eu déclaration du fidéicommis, pourra être établie par toutes sortes de preuves, pourvu qu'elles soient précises et concluantes, *probationibus manifestissimis.* Toutes celles qui n'avaient pas ce caractère devaient être écartées. C'est ainsi que l'on peut induire des termes de la loi 25 (*pr.*, D. *de his quœ...*), que les présomptions n'étaient pas admises en cette matière. Elle dit, en effet, que les relations de parenté entre l'incapable et l'institué ne font pas nécessairement présumer la fraude. Il ne s'agit pas ici des lois caducaires, mais bien de la sanction des règles qui limitent la quotité disponible entre époux (1). On le voit, toutes les prohibitions de la loi étaient sévèrement maintenues, et on en voulait rendre impossible la transgression par le moyen si simple du fidéicommis tacite.

Les précautions allaient si loin que l'exécuteur testamentaire, chargé de remettre un legs *certœ personnœ clam nominatœ*, devait prêter serment qu'il n'était pas chargé de le remettre à une personne incapable de le recevoir.

(1) V. Ulpien., reg. XV et XVI. — Machelard, *De l'accroissement*, p. 168 et suivantes.

Le fidéicommis tacite n'entraînera l'indignité que s'il réunit ces deux éléments : l'intention de frauder la loi et la fraude réellement pratiquée. Il n'y a pas d'indignité au cas où une personne s'engage à remettre une chose à une autre personne qui ne devient que plus tard incapable de la conserver. Le fiduciaire ne perdra pas les biens légués, car il n'a pas eu d'intention frauduleuse au moment où il acceptait son mandat. (L. 10, § 1, *de his quæ…*)

L'*eventus damni* est aussi exigé. Le fidéicommissaire devait être incapable au moment de la mort du *de cujus*, quelle que fût d'ailleurs sa capacité à l'époque de la confection du testament. (L. 3, § 2, *de jure fisci*) (1). La règle Catonienne ne peut pas être invoquée, car elle n'est pas applicable aux dispositions des lois caducaires, *ad novas leges non pertinet.* (L. 5, D. *de regula Caton.*) (2). Si l'incapable est mort au moment où la succession s'ouvre, le fiduciaire conservera les biens. Il faut, en outre, que le fidéicommis porte sur une chose que le fiduciaire tient de la volonté du *de cujus*.

Il serait injuste d'attribuer au fisc un droit quelconque sur des biens dont la disposition, à aucun point de vue, n'appartient au testateur. Comment, en effet, concevoir qu'il puisse, en réglant leur dévolution, faire prononcer l'indignité contre un héritier qui ne tient pas de lui ses droits à la chose elle-même. (L. 40, § 1, D. *de jure fisci*). Cela ne peut pas évidemment s'appliquer à la *quarte falcidie ;* car si l'héritier la tient de la loi, il la

(1) Dig. 49, 14.
(2) Dig. 34, 7.

tient aussi de la volonté du disposant. Le droit de la retenir n'appartient qu'à l'héritier institué ; or, l'institution résulte de l'initiative seule du testateur.

Le fisc pourra donc revendiquer ce quart, si l'héritier s'est chargé de le restituer à un incapable.

§ 4.

La loi 6, D. *de his quæ...* nous apprend que celui qui détournait certains objets de la succession était privé de la *quarte falcidie* qui était attribuée au fisc.

CHAPITRE II.

CAS D'INDIGNITÉ RÉSULTANT D'UN DÉLIT COMMIS ENVERS LA PERSONNE DU DÉFUNT.

§ 1.

L'héritier institué et l'héritier légitime, unis au *de cujus*, l'un par le sentiment de la reconnaissance et l'autre par les liens du sang, sont tenus de lui témoigner pendant sa vie tout le respect que l'on doit à un bienfaiteur et à un père. Ce devoir subsiste même après sa mort; et s'il a péri victime d'un crime, l'héritier doit, pour emprunter le langage des jurisconsultes romains, venger la mort du défunt. (L. 1 et 6, *C. de his quibus...*)

Cette vengeance, il est inutile de le faire remarquer, ne doit pas être une vengeance directe et violente.

Ces obligations morales avaient une plus grande force à Rome que dans nos sociétés modernes. Le ministère public n'existait pas, en effet, et les particuliers se portaient eux-mêmes accusateurs des crimes : ils intentaient et poursuivaient l'action. Ce rôle, toujours difficile, était souvent dangereux. Aussi les héritiers, sans les dispositions expresses de la loi, s'en seraient-ils souvent affranchis. L'indignité prononcée contre eux venait stimuler leur zèle. Ceux même qui n'avaient pas en général le droit de se porter accusateurs étaient gratifiés, en l'espèce, d'une capacité exceptionnelle (L. 11, D. 48, 2).

L'héritier doit recourir à la procédure et aux règles formulées par la loi Cornélia. Les magistrats seuls peuvent légalement prononcer une peine contre les criminels.

La seule chose que la loi puisse raisonnablement exiger de l'héritier, c'est qu'il fasse tous ses efforts pour obtenir la réparation du crime commis contre son auteur. Si les recherches ont été sérieuses, s'il a fait preuve de zèle et de bonne volonté, il aura rempli son devoir, et l'indignité ne pourra pas être prononcée. (L. 7, C. *de his quibus...*)

Il en est de même dans le cas où il aurait été prévenu dans les poursuites par une autre personne. (L. 10, C. *de his quibus...*) Tout ce que la loi veut, c'est que le meurtrier ne demeure pas impuni par suite de la négligence coupable de l'héritier.

L'obligation de poursuivre était considérée comme si impérieuse que tous étaient admis à s'y conformer. C'est ainsi que le fils prétérit peut, quoiqu'il intente la plainte d'inofficiosité, poursuivre la vengeance du meurtre de son auteur. (L. 18, D. *de senat. silan...*)

La loi 20, D. *De his quæ...*, l'applique formellement au mari qui n'aurait pas accusé les assassins de sa femme. Il est déclaré indigne, dans le cas où il a fait preuve de négligence, de conserver la dot.

L'héritier majeur ne peut, dans aucun cas, se dispenser d'intenter cette action (L. 21, D. *de his quæ...*).

Cette obligation incombe d'ailleurs à toute personne appelée à recueillir les biens en vertu d'une succession légitime ou testamentaire. La loi 21, en effet, y soumet les héritiers ou ceux qui en tiennent la place. Les légataires n'en sont pas tenus, car ils ne peuvent être considérés comme placés *loco hæredum*. Il en serait différemment du patron qui n'aurait pas vengé la mort de l'affranchi dont il hérite.

Une exception est faite en faveur du mineur de 25 ans. Il n'est pas présumé avoir le discernement suffisant pour bien peser ses actes. D'ailleurs son âge lui permet d'exciper de son ignorance de la loi (L. 9, D. *de juris et facti ignorantia* (1). C'est aussi ce que dit la loi 6 au Code *de his quibus...* Les mots *pertulisse accusationem* que nous y lisons doivent s'entendre d'une action continuée jusqu'à l'obtention d'un jugement définitif.

Le sens de la loi est donc, selon nous, qu'il ne faut pas s'arrêter au premier degré de juridiction.

Supposons que l'héritier ait, comme la loi lui en fait un devoir, intenté des poursuites ; une sentence a été

(1) Dig. 22, 6.

prononcée. Il ne fait pas appel. La loi 21, § 2, D. *de S selan...* (1), décide que l'indignité, dans ce cas, ne sera pas encourue.

La loi 6 au Code *de his quibus...* déclare le contraire. Barthole enseigne que cette antinomie n'est qu'apparente, et que le doute doit cesser lorsque l'on examine avec soin les hypothèses prévues par les deux lois citées.

La seconde est relative au cas où le meurtrier condamné fait appel et où l'héritier ne figure pas au procès devant les seconds juges. La première vise seulement l'espèce d'une absolution. D'après le jurisconsulte que nous venons de citer, il y aurait, dans ce cas, lieu d'acquiescer à la sentence : l'absolution fait planer sur la tête de l'accusé une présomption d'innocence. L'héritier, d'ailleurs, ne saurait être accusé d'indifférence puisque le jugement obtenu est définitif. Dans l'autre espèce, au contraire, l'appel du condamné remet tout en question, et l'héritier manque à son devoir s'il laisse rendre la sentence sans intervenir au procès.

Le mineur, nous l'avons dit, n'est pas tenu d'une obligation aussi rigoureuse.

La loi nous dit, en effet, que si le meurtre d'une personne a été conseillé par un tiers et qu'il appelle de la sentence rendue contre le meurtrier, le mineur qui lui-même ne fait pas appel n'encourt pas l'indignité.

Les derniers mots de cette loi 6, C. *de his quibus...* édictent une règle nouvelle, en ce sens que l'héritier doit venger la mort du défunt, suivant les expressions consacrées, avant de faire adition d'hérédité. S'il ne se

(1) Dig. 29, 5.

conforme pas à ces prescriptions, il pourra être déclaré indigne.

Cujas cependant enseigne que l'adition peut précéder les poursuites. La loi 29, § 2, D. *de jure fisci*, 49, 14, dit, en effet, implicitement, que celui-là seul est indigne qui n'exerce pas les poursuites après l'adition d'hérédité. Elle attribue au fisc les biens de l'héritier qui, *post aditam hæreditatem, defuncti mortem non defendit*. Il y a donc entre ces deux lois une de ces antinomies si fréquentes dans la compilation de Justinien. Cujas propose l'explication suivante que nous adoptons pleinement :

La loi 6 fait allusion aux dispositions du sénatus-consulte Silanien, qui ne s'occupe pas des meurtres commis par le poison ou par d'autres agents cachés. La loi 29, au contraire, se réfère au cas le plus général, et prévoit l'hypothèse du meurtre, quelles que soient les circonstances dans lesquelles il s'est produit.

L'adition d'hérédité ne peut être faite avant le commencement des poursuites, dans le cas d'assassinat commis à main armée. C'est l'hypothèse prévue par le sénatus-consulte Silanien dont nous allons nous occuper. Il en est autrement lorsqu'il s'agit seulement d'intenter des poursuites criminelles. En résumé donc, que l'adition d'hérédité ait été faite avant ou après l'accusation, l'héritier n'est jamais déchargé de l'obligation de venger la mort du testateur. Quel que soit le parti qu'il ait pris : *Hæredi mortis defensio incumbit*.

§ 3.

Indépendamment de cette obligation générale de poursuivre le meurtrier du défunt, un autre devoir était imposé aux héritiers dont l'auteur avait été violemment mis à mort.

Les règles que nous allons exposer ont été édictées au commencement de la période impériale. Les sénatus-consultes Sélanien et Néronien qui les ont introduites datent, l'un (1) du règne d'Auguste (763 de Rome ou 10 apr. J.-C.), l'autre de celui de Néron (810 de Rome, 57 apr. J.-C.).

Le but que se proposaient leurs auteurs était de contenir, par la crainte du dernier supplice, ce peuple d'esclaves qui habitaient la ville impériale et tenaient, pour ainsi dire, dans leurs mains le sort de leurs maîtres. On crut assurer le respect de la vie des citoyens en rendant les esclaves responsables des meurtres dont ils pourraient être victimes.

D'après les dispositions de ces sénatus-consultes, la question devait être donnée à tous les esclaves qui se trouvaient sous le toit du maître au moment où le crime avait été commis. Ces mots ne doivent pas être pris à la lettre et doivent être appliqués à tous ceux qui, dans la

---

(1) V. Rûdorff, Rœmische, Rechtsgeschichte I, § 52, p. 126 et suiv.; Paul Sent. III, 5 ; Dig. XXIX, 5, de senat. Silan. et Claudian.; cod. VI, 55. *De his quib. ut indign. aufer. et ad senat. Silanian.*

maison ou au-dehors de la maison, ont pu assister au meurtre, même à ceux qui se trouvaient avec leur maître en voyage au moment où il a été attaqué.

Doivent, en un mot, être mis à la question tous ceux qui auraient pu empêcher la perpétration du crime et n'ont rien fait pour prévenir les desseins des meurtriers. Cela doit s'entendre des esclaves occupés dans une maison voisine et qui auraient pu accourir au bruit. Peu importe qu'ils appartiennent à la victime ou à tout autre; l'obligation est générale : les conséquences de son mépris doivent être les mêmes dans tous les cas (Paul. *Sentences*, L. III, t. 5).

La question doit être donnée avant l'adition d'hérédité, « *Ne hœres propter compendium suum familiœ suœ facinus occultaret* (1). » Certes, c'est là une mesure de sage précaution; mais il y avait aussi une raison plus grave et plus noble, c'est que l'adition d'hérédité aurait eu pour effet de donner la liberté aux esclaves affranchis par le testament. Dès-lors, le sénatus-consulte n'aurait pas été appliqué, puisque les hommes libres ne pouvaient être mis à la torture comme témoins.

Dans le cas d'homicide par empoisonnement, il n'y avait pas lieu d'empêcher l'adition d'hérédité, car la question ne pouvait pas être donnée aux esclaves.

Ils n'ont pas pu, en effet, connaître les apprêts du crime et en empêcher la perpétration. Le motif qui a fait édicter les dispositions rigoureuses du sénatus-consulte, ne se rencontrerait donc plus. Cependant la question pouvait être donnée si, par exemple, l'assassin avait usé

(1) L. 5, § 29, D. 29, 5.

de violence pour administrer le poison à la victime (L. 1, § 19 et 20, D. *de Senat. Selaniano*).

Le sénatus-consulte n'était pas appliqué à l'esclave impubère dont le jeune âge atténue la culpabilité. L'esclave qui a défendu son maître, qui a été blessé ou qui a fait tous ses efforts pour détourner les assassins, ne sera pas soumis à la question (L. 1, § 37, *de senatusconsulto Silan.*; D. 29, 5). Les esclaves échappaient aussi à la torture si le maître ayant vécu assez longtemps pour porter témoignage contre eux, ne l'avait pas fait. Son silence était pour eux une absolution (L. 1 *in fine, eod. titulo*).

Toutes les fois qu'il résulte des informations prises que les esclaves sont coupables du meurtre, ou qu'ils n'ont rien fait pour l'empêcher, ils doivent être tous mis à mort. Disposition rigoureuse et bien en harmonie avec les idées des Romains qui attachaient si peu de prix à la vie humaine, et établissaient une si radicale différence entre les citoyens et les malheureux que les hasards de la conquête ou de la naissance livraient à leurs caprices.

On frémit à l'idée que le Sénat permit un jour de mettre à mort 400 esclaves, parce qu'ils n'avaient pu faire connaître les auteurs de l'assassinat d'un riche sénateur, leur maître (1).

Dans cette barbare législation, il y avait cependant

(1) Il y eut une longue délibération pour savoir si l'on appliquerait le sénatus-consulte. Certains hésitaient. *Prævaluit tamen pars*, dit Tacite, *quæ supplicium decernebat. Sed obtemperari non poterat, conglobata multitudine et saxa ac faces minitante. Tunc Cæsar populum edicto increpuit atque omne iter, quo damnati ad pœnam ducebantur, militaribus præsidiis sepsit* (Annales. L. 14, §§ 42, 43, 44 et 45).

quelques adoucissements amenés par les progrès des idées philosophiques et aussi par cet esprit d'inflexible logique qui distinguait, à un si haut degré, les jurisconsultes romains.

Il se pouvait que les esclaves, dans le cas où le testament 'les affranchissait, subissent un grand préjudice par suite du retard de l'adition d'hérédité. Ils étaient, en effet, privés des ·biens qu'ils auraient pu acquérir, par donation ou par legs, pendant tout le temps écoulé depuis l'ouverture de la succession. Ce résultat était injuste, si l'affranchissement était plus tard maintenu. Marc-Aurèle leur permit de conserver ces biens. La liberté reste toujours suspendue, par l'effet du sénatus-consulte, jusqu'à l'issue définitive de la poursuite, et ils ne jouissent de leurs droits que si leur liberté est assurée. Justinien complète cette faveur en décidant que les enfants des esclaves nés pendant cette période seront libres comme leur père affranchi et ingénus, « *nihil etenim actum esse credimus dum addendum aliquid superest* (L. 11, C. *de his quibus...*). Telle est, dans le dernier état du droit, la situation de l'esclave dont le maître a été assassiné.

Le retard de l'adition pouvait causer à l'héritier un notable préjudice; aussi les empereurs lui accordèrent-ils une faveur analogue à celle dont ils faisaient jouir les esclaves. C'est ainsi que les conditions qui lui étaient imposées, dans un délai déterminé, pouvaient, si l'adition était postérieure à l'époque fixée, être accomplies plus tard (1). Si l'héritier mourait avant d'avoir obéi à

(1) L. 5, § 54, D. 29, 5.

l'obligation qui lui était imposée, ses successeurs qui, d'après la rigueur des principes, n'auraient pas pu exercer ses droits, obtenaient cependant des actions utiles (L. 3, § 30, D. *de Senat. Silan.*, 29, 5)

Nous devons ajouter, pour être complets, que le sénatus-consulte Néronien ordonnait de soumettre à la question les esclaves du mari lorsque la femme avait été assassinée, et réciproquement (Paul, *Sentences*, liv. 3, t. 5, § 5).

Toute personne qui avait ouvert le testament *contrà edictum prœtoris* était punie d'une amende de 100 sous d'or, dont la moitié appartient au fisc et l'autre moitié au délateur ; car, en cette matière comme en toute autre, le droit impérial n'avait pas craint de faire appel aux passions qui engendrent et font vivre la délation (L. 25, § 2; D. 29, 5).

Tout héritier, sauf les exceptions que nous avons indiquées, qui n'avait pas fait donner la question préalable, était écarté s'il avait ouvert le testament ou fait adition d'hérédité, sous quelque forme que ce fût ; la déchéance était encourue, même dans le cas d'une demande de possession de biens adressée au préteur ou d'immixtion dans la succession des héritiers siens (L. 3, § 29; D. 29, 5. Paul, *Sent.*, liv. 3, t. 5, § 10).

L'héritier pouvait être poursuivi pendant cinq ans, pour ne pas s'être conformé aux prescriptions du sénatus-consulte. Ce temps écoulé, il était protégé par la prescription. Cependant certains parents rapprochés étaient privés de cette faveur et ne pouvaient pas jouir du bénéficè de cette prescription (L. 13, *de senatusconsulto Sila-niano*).

§ 3.

Si l'héritier est tenu d'avoir pour le défunt un grand respect après sa mort, il doit surtout le lui témoigner pendant sa vie. La morale et l'équité exigent que celui qui attente à la vie d'une personne ne puisse pas recueillir sa succession. La loi 3, D. *de his quæ...*, déclare indigne celui qui, par sa faute ou sa négligence, a causé la mort de la femme qui l'a institué. Le mari qui avait tué sa femme ne pouvait pas non plus profiter de la dot qu'elle lui avait donnée et devait la restituer aux héritiers naturels (L. 10, § 1, *Soluto matrimonio*). Les inimitiés capitales, avec le défunt, étaient une cause d'indignité (L. 9, D. *de his quæ...*) pour le légataire et le fidéicommissaire. Cependant la réconciliation avec le testateur leur permettait de conserver le bénéfice de la disposition (1). Dans le cas de meurtre, l'indignité est toujours prononcée. Telle est la règle générale.

Y a-t-il des exceptions ?

Dans le cas où la mort n'a pas été immédiate et où le *de cujus* a eu le temps de révoquer son testament et ne l'a pas fait, on se demande si l'héritier est indigne. Nous pensons que le silence du testateur ne doit avoir aucune influence sur le sort de l'héritier, car l'indignité ne saurait, en l'espèce, résulter de la volonté du testateur ; elle est prononcée par une disposition de la loi.

(1) L. 4, D. *de adimend. vel transf. légat.*, 34, 4.

Si l'on objecte ce qui se passe en matières de donation, nous dirons qu'on ne peut pas légitimement invoquer cet exemple, parce que les donations ont plus de force que les institutions d'héritiers. D'ailleurs, c'est le donateur seul qui révoque les donations ; c'est la loi qui prononce l'indignité ; de plus, c'est le donateur qui profite de la révocation ; ici c'est le fisc dont il serait superflu d'invoquer le désintéressement. Le pardon ne peut en aucun cas résulter du silence : *purgatio verbis non silentio fit,* dit Mathæus.

D'ailleurs le pardon exprès ne pourrait pas arrêter le châtiment. La loi 2, *de senat. Silaniano* qu'on pourrait nous opposer, ne parle pas du meurtrier, mais seulement des esclaves qui pourraient être accusés.

Si le meurtre a été commis dans des circonstances telles qu'il puisse paraître excusable, l'indignité n'est pas prononcée. Si le meurtrier n'avait fait que repousser une aggression à main armée contre sa personne ou sa propriété, sa culpabilité est fort amoindrie, et suivant la remarque de Voët : « *Nulla pœna esse debet ubi nulla culpa est.* »

Dans le même ordre d'idées et sans sortir de la catégorie des crimes excusables, que faut-il décider dans le cas où le mari a tué sa femme surprise en flagrant délit d'adultère ? Il sera indigne de conserver la dot. Le flagrant délit d'adultère n'était pas un motif d'absolution, mais bien une cause d'atténuation de la peine. Le crime demeurait, quoique puni de peines moins sévères. Il devait donc entraîner ses conséquences ordinaires (1).

(1) Mathæus.

Il en était différemment dans le cas où le complice de la femme aurait été tué. Les jurisconsultes faisaient en cette matière des distinctions. Si le complice était un de ces hommes que leur position sociale ou la profession qu'ils exercent font considérer comme peu honorables, l'indignité n'était pas encourue ; il n'y avait pas dans ce cas une criminalité suffisante : « *quia vix est ut facinus dici potest.* » Le meurtre était permis, c'est ce que dit formellement la loi 24, *D. ad legem Juliam, de adulteriis* (1).

Que faut-il décider dans le cas où le meurtrier a tué non pas le testateur lui-même, mais des personnes qui lui sont unies par les liens d'une parenté rapprochée ? Le commentateur dont nous venons de citer le nom fait, en cette matière, une distinction que nous adoptons pleinement. Il répond affirmativement, si la victime était le fils ou l'époux du *de cujus*. Les liens qui unissent entre elles ces personnes sont si intimes que chacune d'elles souffre un réel préjudice de l'injure faite aux autres ; il n'en serait pas de même si la victime de l'attentat était le frère du *de cujus* : l'ennemi d'une personne n'est pas en effet nécessairement l'ennemi de son frère (L. 9 ; D. 49, 14. — L. 18, § 1, 10, 2).

Nous croyons, pour nous résumer sur toute cette matière, pouvoir poser en principe que tout crime punissable doit entraîner contre son auteur la peine de l'indignité. Sera donc indigne l'héritier, coupable d'avoir tenté de donner la mort au *de cujus*. La loi 6, § 3, *de senat. Silaniano* (2), semble édicter une règle contraire ; mais il faut remarquer qu'elle est relative à la nécessité de

(1) Dig. 48, 5.
(2) Dig. 29, 5.

donner la question aux esclaves. La loi I, § 3, *ad legem Corn.* de sicariis (1), déclare au contraire que la tentative de meurtre est punissable.

D'où nous concluons que l'indignité doit être prononcée contre son auteur.

La même solution doit être appliquée dans le cas où il s'agit des complices. (L. 6 et 7, D. *de lege Pompeia, de parricidiis*) (2).

Enfin, généralisant la règle que nous avons posée au commencement de ce paragraphe, nous pouvons dire que l'indignité est encourue pour le cas de meurtre commis par simple négligence (L. 3, D. *de his quœ...*).

§ 4.

Le jugement que nous portions sur le rigorisme de la loi romaine ne serait pas mérité, si elle se bornait à punir les infractions dont nous venons de parler.

Nous allons maintenant faire connaître d'autres cas, dans lesquels l'indignité était encourue pour des faits présentant un bien moindre caractère de gravité. C'est ainsi que la loi 2, § 3, D. *de his quœ...* déclare indigne celui qui aurait disposé par donation des biens d'un homme vivant, à l'insu de celui-ci, et cela quand même il serait appelé à lui succéder par le droit prétorien seulement. « *Quoniam adversus bonos mores et jus gentium « festinasset.* » (L. 29, D. *de donationibus*, 39, 5). Cet

(1) D. 48, 8.
(2) Dig. 48, 9.

empressement à jouir des biens qui ne lui appartiennent pas faisait supposer, chez celui qui s'en était rendu coupable, le désir de voir mourir son auteur. Et l'on sait avec quelle rigueur toutes les lois ont flétri le *votum impium mortis*.

§ 5.

Les citoyens romains ne pouvaient se livrer à certains négoces que des raisons politiques leur avaient fait interdire. C'est ainsi qu'il leur était défendu d'exporter à l'étranger du blé ou des armes. Les barbares ne devaient, pensait-on, recevoir aucun secours direct ou indirect de ceux qui chaque jour pouvaient entrer en lutte avec eux. Cette prohibition était si rigoureuse que l'État se considérait comme investi d'une sorte de droit de revendication, et confisquait les marchandises partout où elles se trouvaient, même chez l'héritier du coupable. « *Nam quod commissum est statim desinit ejus esse qui crimen contraxit.* » (L. 14, D. (1) *de publicanis*).

Le contrebandier était de plus puni des peines les plus graves (L. 11, D. *de publicanis*), (L. 2, C. *quæ res exportari*, 4, 41).

Pour assurer la répression de ce commerce illicite, la délation était autorisée et une prime donnée au délateur. Les empereurs Sévère et Antonin apportèrent une restriction à cette règle générale. Les sentiments de reconnaissance que l'affranchi doit avoir pour celui qui

(1) Dig. 59, 4.

lui a donné la liberté leur parurent incompatibles avec la faculté de dénoncer son commerce à la justice. Celui qui agissait ainsi fut donc déclaré indigne (**L. 1, D.** *de his...*). Il pouvait cependant conserver une prime sur les objets saisis par suite de sa dénonciation. Singulier mélange pour un même fait de châtiment et de récompense ! Etrange compromis entre les intérêts du fisc et les principes de la morale !

§ 6.

Si la révélation d'un commerce illicite portait atteinte à l'honneur du *de cujus* et légitimait contre son affranchi la déclaration d'indignité ; cette solution sera encore plus juste lorsque le légataire aura contesté l'état du défunt (L. 9, § 2, D. *de his...*). L'état d'un citoyen se compose de trois éléments : la liberté, la cité et la famille. Tout procès qui aura pour objet de contester les droits du testateur dérivant de l'une quelconque de ces trois sources entraînera contre celui qui l'aura intenté, la peine de l'indignité.

D'après la Loi 9 pr., en cas d'outrages violents, le legs reste à l'héritier ; il passe au contraire au fisc dans le cas où l'état du défunt est contesté. Quelle est la cause de cette différence ? Cujas soutient que celui qui a contesté l'état du testateur a pour ainsi dire attaqué le testament lui-même, et a exposé le *de cujus* à la honte de mourir *intestat*. Ce sont là assurément des faits plus graves que celui de proférer des injures et faire ainsi naître l'occasion d'inimitiés capitales.

Cette explication ne nous paraît pas admissible. Ce n'est pas le légataire, en effet, qui est puni avec plus de sévérité dans un cas que dans l'autre (il est toujours privé des legs qui lui sont faits). C'est l'héritier qui voit dans l'espèce les biens attribués au fisc, ce qui n'a pas lieu dans le cas d'inimitiés capitales.

Ne pourrait-on pas dire qu'en attaquant l'état du testateur on a surtout attaqué le testament qui serait *irritum*, si le demandeur obtenait gain de cause? Il perd son procès. Le testament devrait produire son effet. Mais le légataire l'a attaqué, ce qui le rend passible de l'indignité. Le fisc viendra donc à sa place. Dans le premier cas, au contraire, il ne faut voir qu'une révocation tacite.

§ 7.

Le testateur, pour pouvoir valablement disposer de ses biens, doit agir dans toute la plénitude de sa volonté et de son indépendance; toute personne qui porte à sa liberté une atteinte quelconque est coupable. L'indignité sera donc prononcée contre celui qui a empêché le défunt de tester (L. 2, *Si quis aliquem testari*) (1). Il en est de même de celui qui a fait faire par force un testament en sa faveur. Cependant, la Loi 3, *eodem titulo*, fait une exception pour le mari qui a empêché sa femme de changer le testament dans lequel il est institué. « *Non enim blanditias*, dit Cujas, *possis dicere* » *esse vim aut dolum malum.* »

(1) Dig. 29, 6.

Un fils qui a supprimé les codicilles faits par son père est privé de tous les biens qu'il aurait pu réclamer en vertu de ces codicilles (L. 4, D. *de leg. Cor... De falsis*, 48, 10).

Le testament fait par suite de la violence et du dol était valable, *jure civili*. On peut l'affirmer tout d'abord, car, s'il eût été nul, la loi n'aurait pas eu besoin de recourir à la peine de l'indignité pour priver l'héritier des biens qu'il n'aurait pas pu recueillir. D'ailleurs, d'après les idées romaines, ce sont les solennités surtout qui constituent la validité de l'acte. Les exemples abondent pour le prouver : il suffit de citer celui de la stipulation valable, par cela seul que les paroles sacramentelles étaient prononcées (1).

Dé qui doit émaner le dol ou la violence employés à l'encontre du testateur? Nous croyons qu'il ne faut pas appliquer ici les règles ordinaires qui prononcent la nullité des contrats lorsque le dol émane de la personne qui a contracté et n'ont pas égard, pour arriver au même résultat, à l'auteur de la violence. L'héritier ne sera pas déclaré indigne si le dol et la violence n'émanent pas de lui. L'indignité, en effet, est une peine; elle ne doit frapper que les coupables (L. 2, D. *Si quis aliquem testari*, 29, 6). Toutes les lois qui visent le cas dont il s'agit donnent la même solution (L. 1, pr. § 2, *eod. titulo*).

Il y a cependant des exceptions à cette règle géné-

(1) *Voluntas coacta est voluntas.*

rale ; nous en trouvons une indiquée dans la loi Unique (1) au Digeste : *Quibus non competit bonorum possessio*. Un maître a empêché par dol que le testament dans lequel son esclave était institué fût changé. Plus tard, celui-ci est affranchi et vient réclamer le bénéfice de cette institution. Julien déclare qu'il sera écarté comme indigne ; et cela parce que la personnalité de l'esclave se confond avec celle du maître, et qu'au moment où le dol a été commis, celui-ci pouvait acquérir par le moyen de la personne soumise à sa puissance.

Si, plus tard, l'esclave est devenu libre, le résultat ne sera pas changé, car c'est aux manœuvres pratiquées par son maître, qu'il doit la faveur d'être appelé à la succession. Il en est de même du cas où le fils aurait été institué, grâce au dol pratiqué par son père.

On pourrait objecter la Loi 1re, au Code *Si quis aliquem testari* (2), qui semble contredire d'une manière formelle la règle que nous venons de poser ; elle est ainsi conçue : « *Civili disceptationi crimen adjungitur,* » *si testator non sua sponte testamentum fecit, sed* » *compulsus ab eo, qui heres est institutus, vel à quolibet* » *alio, quos noluerit, scripsit heredes.* »

Le texte parle de deux actions. La première (*crimen*) doit être l'action en indignité poursuivie par le fisc, l'autre (*civilis disceptatio*) une action *in factum* intentée contre les auteurs du dol par les héritiers *ab intestat* et tous ceux qui ont à se plaindre du préjudice causé. Il faut remarquer que, dans l'espèce de cette loi, les héri-

(1) Dig. 58, 13.
(2) C. 6, 54.

tiers inscrits n'ont pas du tout la volonté du testateur. Il est donc juste qu'ils ne profitent pas de l'institution faite en leur faveur. Dans les exemples précédents, les héritiers avaient été institués par la volonté libre du testateur. Rien ne prouve que le second testament n'eût pas reproduit, quant à l'institution, les dispositions du premier. La seule manifestation de la volonté que le testateur ait faite est favorable à l'héritier. Rien de pareil ne se rencontre dans les faits énoncés dans la loi qu'on objecte. Il est certain, au contraire, d'après ses termes, que le testateur n'a jamais été favorable à l'héritier, puisqu'il a inscrit des personnes qu'il ne voulait pas gratifier, *quos noluerit, scripsit heredes.* Le motif qui a déterminé à écarter les héritiers n'est donc pas la violence pratiquée, c'est seulement le fait que le testateur n'a jamais voulu les instituer. Il est donc impossible de tirer de cette loi un argument contre le système que nous avons admis.

§ 8.

Le respect pour la volonté du défunt est le premier devoir de l'héritier. Il est juste de le punir s'il l'a méconnu. Aussi, celui qui a porté contre le testament une accusation de faux et qui a succombé sera privé de tous les biens qui lui ont été donnés.

Au premier abord, il semble que l'héritier n'évitera jamais une pareille action, car il n'aura jamais intérêt à faire tomber un testament qui lui confère un bénéfice. Cet intérêt se comprend cependant dans le cas où le légataire ou l'héritier institué étant aussi héritier légitime pouvait recueillir, une part plus forte que celle résultant pour lui de l'institution.

Le fait d'intenter les poursuites ne suffit pas; il faut, de plus, que la sentence ait été prononcée. Si donc l'héritier se désiste ou vient à mourir avant le jugement, l'indignité n'est pas encourue (L. 8, C. *de his quibus...*).

Malgré l'action intentée par lui, l'héritier peut faire adition. Cette adition, par le fait de l'indignité, sera plus tard déclarée sans effets, et le fisc sera investi des actions héréditaires ; mais elle aura produit des conséquences irrévocables. La confusion, en effet, qu'elle avait amenée entre les droits et les actions de l'héritier contre la succession et ceux de celle-ci contre lui, est définitive.

Le fait postérieur de la déclaration d'indignité ne peut pas détruire une conséquence qui s'est irrévocablement produite et qui doit durer tant que l'institué n'a pas perdu sa qualité d'héritier. Or, l'indigne n'en est jamais dépouillé (L. 29, § 1, D. (1) *de jure fisci*). En résumé, celui qui a attaqué le testament ne peut rien réclamer de la succession, soit comme héritier, soit comme légataire. Il en est de même de celui qui intente contre le testament la plainte d'inofficiosité et qui a succombé (L. 8, § 14, D. *de inofficioso testamento*, 5, 2).

Le fils émancipé qui, passé sous silence, demande la possession des biens *contra tabulas*, sera privé du bénéfice de la substitution, en vertu de laquelle il est appelé à la place de l'héritier impubère. (L. 2, D. *pr. de his*; L. 22, D. *de vulgari et pupillari substitutione*) (2).

(1) Dig. 49, 14.
(2) Dig. 28, 6.

3

Un père a fait un premier testament, dans lequel il institue son fils impubère. Par un second testament il substitue à son fils les enfants de son frère. Ceux-ci, pour pouvoir recueillir la succession de leur oncle en qualité d'héritiers légitimes, intentent, après la mort de l'impubère, contre la mère de l'héritier, leur tante, une accusation de supposition de part. L'indignité sera prononcée contre eux si leur demande est rejetée, « *quia ex testamento sententiam secundum se dictam non habe-rent* (L. 16 p., D. *de his quæ...*).

Tel est le sort de ceux que nous pourrions appeler les auteurs principaux de la faute; les complices sont punis de la même peine. Sont frappés d'indignité ceux qui, à quelque titre que ce soit, ont prêté appui et secours à ceux qui ont attaqué le testament (L. 5, § 10, 11, 12, D. *de his quæ...*).

La règle générale que nous avons posée souffre cependant quelques exceptions. Ainsi, aux termes de la Loi 8, au Code, *de his quibus ut indignis...*, celui qui a attaqué le testament et qui s'est désisté avant la fin du procès, ne sera pas frappé d'indignité.

Quant au mineur de 25 ans qui a intenté l'action de faux, sa position est différente. Nous allons exposer les règles contenues dans les nombreux textes relatifs à ce sujet. (Paul, *Sent.*, liv. V, tit. XII, § 4. — L. 5, § 9, D. *de his quæ...* — L. 22, D. *eod. titulo.*)

Le pupille ne peut intenter valablement une action sans l'autorisation de son tuteur. Celui-ci doit donner à tous les actes du procès la garantie de sa participation directe, de son *auctoritas*. Malgré cependant cette intime coopération, le tuteur ne sera jamais privé, pour cause d'indignité, des biens à lui légués dans le testament qu'il attaque, parce qu'il n'agit pas en son nom, et ne fait que les affaires du mineur. Il remplit un des devoirs de sa charge et ne saurait être poursuivi pour une faute qui ne lui est pas personnelle. Quant au pupille, sa situation est tout-à-fait différente ; il est coupable, et comme tel privé des avantages qu'il est appelé à recueillir par le testament. L'indignité est prononcée contre lui, et il n'en pourra être relevé que par une permission expresse, *principis beneficio*, faveur qui lui sera toujours facilement accordée. Il n'a, en un mot, à invoquer que le secours suprême de la « *restitutio in integrum*. »

Le tuteur était garanti contre l'action du pupille s'il avait agi de bonne foi. Il en était différemment, s'il y avait faute de sa part. Il ne perdait pas, il est vrai, les legs qui lui avaient été faits, mais le pupille pouvait, par l'action de tutelle, se faire donner l'équivalent de ce que lui enlevait l'accusation de faux. C'est ce qui ressort de la Loi 2, *C. de his quibus...* qui règle l'hypothèse suivante.

Un testateur a institué héritiers sa fille Polla, un fils impubère et des étrangers. Polla a prétendu que le testament était faux, mais elle n'a pas intenté l'action et a transigé avec ses cohéritiers étrangers. Plus tard, elle meurt, laissant son frère pour héritier. Le tuteur de celui-ci, considérant la transaction comme non avenue, intente l'action de faux et perd son procès. Le texte attribue au fisc la part du pupille, qui, en réalité, a porté l'accusation contre le testament ; le tuteur, cependant, ne sera pas dégagé de toute responsabilité. « *Portionem quam ex eo testamento pupillus habet te ei*

» *salvam facturum quam adimi pupillo necesse erit*
» *secundum juris formam,* » disent en s'adressant à lui
les empereurs Sévère et Antonin. Il pourra, de plus, être
exposé à une action *de calumnia* à cause de la mauvaise
foi qu'il a apportée dans l'accusation. Quant à la part
que le pupille a recueillie dans la succession de sa sœur,
il pourra la conserver, car ce n'est pas directement et en
vertu du testament qu'il la reçoit, mais par l'intermédiaire d'une autre personne.

Il est de principe, en effet, que celui qui accuse de
faux un testament, peut très-bien être l'héritier de l'héritier du testateur. (L. 5, § 7, L. 7, D. *de his quæ...*)

Ce que nous voulions surtout signaler, c'est que le
pupille pourra se faire indemniser du préjudice qui lui
a été causé par la faute de son tuteur. Cette responsabilité si grave ne sera d'ailleurs encourue par ce dernier
que dans des cas très-rares. « *Si evidens eorum calumnia judicanti apparebit.* » (L. 2, *C. de his qui accusare
non possunt,* 9, 1.)

Ne sont pas frappés d'indignité non plus, ceux qui en
poursuivant ou en intentant l'action n'ont fait qu'obéir
aux exigences de leur fonction ou à un sentiment étranger à toute idée de haine contre le testateur. Tel est
l'avocat du fisc qui soutient l'accusation. (L. 5, § 13,
D. *de his quæ...*).

Le père qui, au nom de son fils prétérit, attaque le
testament de sa mère coupable de cette omission, échappe
à l'indignité. Le procès, en effet, roule sur la question
de savoir si le fils a mérité d'être passé sous silence.
Le père donc, en intentant l'action en son nom, ne fait
en quelque sorte que prendre sa défense. Rien ne fait

obstacle non plus à l'acquisition des choses léguées par le légataire qui, succédant à une personne ayant intenté la plainte d'inofficiosité, s'est borné à suivre le procès. (L. 22, §§ 1, 2, D. *de inofficioso testamento*, 5, 2.)

D'ailleurs le motif qui détermine la loi à prononcer l'indignité, c'est l'injure faite au testateur par celui qui attaque le testament et méprise ainsi la manifestation de sa volonté. L'indignité ne sera pas encourue toutes les fois que la plainte n'aura pas ce caractère.

Seront donc à l'abri de toute poursuite : le fils qui soutiendra que le testament de son père n'est pas régulier (L. 24, D. *de his quæ...*); le légataire qui se plaindrait des manœuvres pratiquées, selon lui, par l'héritier institué. (L. 88, § 4, D. *de legatis* 2°, 31, 2.)

Nous ne comprenons pas très bien la différence faite par la loi entre l'accusation de faux et la plainte portée sur ce fondement, que le testament n'est pas régulier. Pourquoi la première est-elle considérée comme plus grave que la seconde ? Comment celui qui vient soutenir que le testateur a violé la loi sera-t-il moins coupable que celui dont les prétentions tendent à démontrer que le testament est l'œuvre d'un faussaire ? Il faudrait dire, au contraire, nous semble-t-il, que l'attaque dirigée contre la personne est plus grave que celle dirigée contre le testament lui-même, abstraction faite de la personne du *de cujus*. La solution admise par les textes consacre donc, selon nous, une anomalie étrange dans une législation empreinte à un si haut degré du caractère d'une logique rigoureuse.

Pour nous résumer sur cette matière, nous dirons que ceux qui ont directement ou indirectement attaqué le testament sont privés de tous les legs ou avantages qui leur étaient faits. C'est ainsi que l'héritier perd ses droits à la *quarte falcidie* ; que l'esclave dont le témoignage a été entendu en faveur de l'héritier indigne perd tous ses droits à la liberté que le testateur lui avait accordée (L. 5, § 15, 19, D. *de his quæ...*).

Dans le cas où deux testaments successifs ont été faits par une personne, l'héritier qui attaque le principal (celui qui contient l'institution), sera dépouillé des biens qui lui ont été légués par le second et même par des codicilles se rapportant au premier ; s'il attaque, au contraire, le second, il pourra bénéficier des dispositions faites dans le premier, « *quia non utrumque hoc casu improbasse videtur* » (L. 5, § 14, D. *de his quæ...*).

D'après la loi 4, D. *de his quæ...* le légataire qui accuse un des héritiers de s'être inscrit au moyen d'un faux, ne perd que le legs mis à la charge de cet héritier et conserve ceux qu'il doit recevoir des cohéritiers qu'il n'a pas inquiétés. L'institution toute entière n'est pas ici mise en question. Le champ de l'action se trouve restreint : ses conséquences devront l'être aussi.

§ 9.

Celui qui hérite d'une personne doit respecter sa volonté et l'exécuter autant qu'il est en lui. Si donc les ordres donnés par le défunt sont conformes aux lois et aux bonnes mœurs, ils devront être exécutés par l'héritier et de la manière même que le testateur désire qu'ils le soient. Si l'institué manquait à ce devoir, il était écarté comme indigne (Paul, *Sent.*, liv. 3, t. 5, § 13).

C'est ainsi qu'il devait se conformer, sous peine de déchéance, aux prescriptions du testateur relativement aux cérémonies de ses funérailles (L. 202, D. *de verb. significatione*, 50, 16).

Cette règle rigoureuse fut observée jusqu'au jour où l'empereur Alexandre, par un motif d'humanité facile à comprendre, supprima pour ce fait la peine de l'indignité (L. 5, C. *de his quibus*).

Les legs doivent être acquittés dans l'année. Si donc l'héritier ne se conforme pas à cette obligation, il sera jusqu'à concurrence du surplus de la réserve exclu de la succession (1). Cependant, par une faveur expresse due à Justinien (Novelle I, tit. 1, chap. 1, § 1), les biens ne sont pas attribués au fisc, mais sont recueillis par les cohéritiers testamentaires ou *ab intestat* suivant les règles que l'Empereur détermine.

Dans le même ordre d'idées, on se demande la solution qu'il fallait adopter dans l'espèce suivante. Un père a institué pour partie son fils demeuré sous sa puissance et lui a fait un legs. Le fils renonce à la succession. Est-il déchu de son droit au legs? Papinien répond négativement (L. 87, D. *de legatis*, 1°) (2).

Le fils, dit-il, peut avoir de justes motifs de répudier l'hérédité; d'ailleurs il ne fait qu'user de son droit et n'attaque pas le testament. D'autres auteurs (dont Papinien qualifie l'opinion de *durissima*), admettaient la

---

(1) *Tantum accipiat solùm, quantum lex ei dare secundum quartam ab intestato partem concedit : aliud verò totum auferri.*

(2) Dig. 50, 1.

solution contraire, en se basant sur ce que le fils, en renonçant à l'hérédité, avait fait tout ce qui était en son pouvoir pour infliger à son père la honte de mourir intestat. La loi 89, D. *de legatis*, 1° étend au cas où le fils qui renonce était émancipé, la règle formulée par Papinien.

Ces décisions cependant ne doivent pas être considérées comme édictant une règle absolue. Ce dont on doit avant tout se préoccuper dans les questions de ce genre, c'est la volonté du testateur. C'est donc à l'interprétation de cette volonté que les juges doivent recourir.

Les lois 88 et 90, *de legatis*, 1°, qu'on pourrait nous objecter, contiennent seulement des espèces dans lesquelles le testateur a manifesté d'une manière expresse ou tacite l'intention que le legs ne fût délivré qu'aux héritiers ayant fait adition.

Celui qui refuse une tutelle testamentaire perd tous ses droits aux legs qui lui avaient été donnés dans le testament. Il doit subir les charges, comme il recueille les faveurs (L. 5, § 2, D. *de his quœ...*).

Le tuteur désigné par le préteur ne pourra pas, s'il refuse la tutelle, être privé de recueillir les legs : « *quia nihil contra judicium fecit testatoris* » (L. 34, D. *de excusationibus*, 27, 1).

Quelquefois le pupille ne résidait pas chez son tuteur ; sa garde était alors confiée à une personne que le préteur ou le testateur désignaient. Dans ce dernier cas, l'obligation ne pouvait pas être méconnue sous peine d'indignité. Celui qui n'accepte pas cette charge est aussi coupable que celui qui refuse la tutelle (L. 1, § 3, D. *ubi pupillus educari*, 27, 2).

La mère qui ne fait pas nommer un tuteur à ses
enfants qui en sont privés, alors que ce devoir lui est
imposé par un testament du mari, sera écartée de
leur succession ; il faut cependant faire remarquer que,
dans les deux cas que nous venons de citer, le fisc
ne recueillera pas les biens. Aux termes d'un rescrit
d'Antonin, en effet, ils seront attribués à ceux que la loi
appelle après la mère à la succession de son fils (L. 2,
§ 46, 47, D. *ad senat. Tertulian.*) (1). Dans le cas de refus
de tutelle, le pupille (*cujus utilitates desertæ sunt*) profitera de l'exclusion de son tuteur (2).

Nous devons, pour être complets, énoncer à la fin de
ce paragraphe deux causes d'indignité introduites par les
Novelles. Outre le sentiment moral qui les a dictées, elles
méritent d'être citées, parce que les biens enlevés à la
personne frappée d'indignité ne sont pas attribués au fisc.
Justinien conservait les anciennes règles ; mais il en res-
treignait souvent l'application dans les lois dont il était
l'auteur.

La Novelle 115, chap. 3, § 12, décide que les héritiers légitimes d'une personne tombée en démence et
recueillie par des étrangers seront exclus de sa succession attribuée à ceux qui ont suivi à son égard les pré-
ceptes de la charité chrétienne.

Les héritiers légitimes ou testamentaires qui auront
laissé mourir en captivité leur auteur ou leur bienfaiteur
seront également indignes de recueillir sa succession.
Elle sera dévolue aux Eglises, « *ut unde illi à suis non*

(1) Dig. 38, 17.
(2) L. 5, § 2, D. *de his quæ...*

» *sunt redempti, aliorum redemptio procuretur* » *(ibi-.*
. *dem*, § 13).

CHAPITRE III.

CAUSES D'INDIGNITÉ PROVENANT DE LA VOLONTÉ DU
DÉFUNT.

Pour que l'héritier institué ait le droit de recueillir la
succession, il faut que la volonté du testateur lui ait été
constamment favorable. Cette idée, juste et logique en
principe, entraînait dans la pratiqne de singuliers résultats. C'est en cette matière qu'il ne faut pas oublier que
l'indignité est avant tout, en Droit romain, une mesure
fiscale. Les solutions rigoureuses que nous allons faire
connaître sont une preuve de la vérité de cette asser-
tion.

Une personne fait un testament, puis un second dans
lequel elle institue des incapables; ce second testament
est donc *destitutum* et ne peut produire aucun effet. Le
premier reste seul valable ; cependant les héritiers qui y
sont institués sont déclarés indignes. Ils n'ont, il est vrai,
aucune faute à se reprocher, mais ils sont exclus de la
succession : « *quia non habuerunt supremam volunta-*
» *tem defuncti* » (L. 12, D. *de his quœ...*).

On oppose la loi 22, D. *de adimend. vel transf.*
legatis. (1). Aux termes de laquelle l'héritier que le

_____
(1) Dig. 34, 4.

testateur *inimicitiis gravissimis persecutus est* conserve l'hérédité, si elle ne lui a pas été enlevée par un testament en forme. Cependant, peut-on dire, les rapports du testateur et de l'héritier, l'intention formelle de le déshériter, manifestée par un changement de disposition, sont des motifs très-sérieux de l'écarter.

Malgré cette apparente contradiction, il nous paraît qu'en adoptant les principes qui dirigeaient les législateurs en cette matière, la réponse à l'objection est facile. Puisque l'on considère la volonté du testateur seule, il est certain que dans l'espèce de la loi 12, D. *de his quœ*, l'intention d'exclure l'héritier est formellement manifestée ; tandis que, dans la loi opposée, elle est incertaine. Il était dès lors logique, dans le premier cas, d'exclure les héritiers institués ; il eût été injuste de le faire dans le second. Cette rigueur se comprend davantage dans le cas où le testateur a rayé le nom des héritiers (L. 16, § *ult.*, D. *de his quœ*).

On alla si loin en cette matière, qu'un rescrit d'Alexandre, inséré au Code (L. 4, *de his*), dit que l'héritier institué par un testament valable, révoqué par une simple lettre ou un codicille, sera écarté comme indigne. Nous sommes bien loin, on le voit, lorsqu'il s'agit du trésor, du formalisme et des règles inflexibles du vieux droit quiritaire.

On pourrait objecter la loi 4 *de his quœ in testamento delentur* (1), d'après laquelle l'institution est déclarée nulle et les biens attribués aux héritiers *ab intestat*, si le testateur a détruit son testament. La loi 16, § *ult...* laisse au

_____

(1) Dig. 28, 4.

contraire subsister les legs. L'héritier seul est remplacé par le fisc. Cujas fait la distinction suivante pour concilier ces deux textes. Si le testateur a eu l'intention d'annuler son testament et de mourir intestat, les héritiers légitimes seront appelés à la succession. C'est ce que disent les textes (*sed si ut intestatus moreretur incidit tabulas*), (L. 4, *de his quæ in testamento*)(1), (L. 1, § 8, *si tab... test... nul...*)(2). Si le testateur au contraire, et c'est le cas de la loi 16, n'a voulu qu'exclure un héritier, le testament est maintenu pour tout le reste. L'héritier seul, d'après un rescrit de Marc-Aurèle, sera repoussé et remplacé par le fisc ; c'est un cas d'indignité.

Hermogénien déclare, en faisant ici, il faut le reconnaître, une application plus équitable du même principe, que le fils institué est indigne si, après la mort de son père, il est déclaré par la justice n'être qu'un enfant supposé.

Il est probable que l'institution n'a été faite qu'en faveur d'un enfant. Il était dès-lors logique de supposer que la sentence intervenue aurait décidé le père à révoquer les libéralités qu'il avait faites (L. 46, p. D. *de jure fisci*, 49, 14). S'il n'y avait pas eu supposition de part, mais erreur du testateur sur le degré de parenté, il n'y aurait pas indignité, mais seulement nullité de l'institution (L. 7, C. *de hæredibus instituendis*, 6, 24).

(1) Dig. 28, 4.
(2) Dig. 38, 6.

CHAPITRE IV.

RÈGLES RELATIVES A LA DÉVOLUTION DES BIENS ENLEVÉS AUX INDIGNES.

§ 1.

L'héritier frappé d'indignité sera privé des biens qui lui ont été légués ou qu'il recueillerait en vertu de son institution.

L'indignité étant dans la plupart des cas une peine, il est juste que l'héritier ne soit puni que dans la mesure de sa culpabilité. Il ne sera donc privé que des biens *circa quœ contra leges agendo peccavit*. Ainsi, d'après ce que nous avons déjà dit, celui qui attaque un codicille qu'il prétend être faux ne recueille pas ce qui lui était donné par ce codicille, mais conserve les libéralités qui lui ont été faites par le testament ou par un autre codicille (L. 5, § 14, D. *de his quœ*). Cette règle est si absolue que, dans le cas de fidéicommis tacite même, il prélèverait la *quarte falcidie* sur des biens autres que ceux compris dans la disposition prohibée (L. 11, D. *de his quœ*).

L'indigne ne peut rien retirer, soit directement, soit indirectement, de la succession dont il est exclu. C'est ainsi que le fisc peut revendiquer les biens que le testament lui donnerait personnellement, mais encore ceux qu'il pourrait acquérir par l'intermédiaire d'une personne placée sous sa puissance (L. 5, § 3, D. *de his quæ...*). Cependant, ajoute le même texte : « *Si personam illorum* » *spectet (legatum) diversum dicendum est.* » C'est ce qui arrive notamment dans le cas où une personne incapable par suite des prohibitions de la loi Pappia Poppæa, a un fils capable de recevoir des dons ou legs d'un testateur. Les fautes doivent être personnelles, c'est là le principe qui doit être appliqué dans la plupart des cas. Pour les autres, on peut dire avec autant de raison, que l'indignité prononcée par suite de l'interprétation de la volonté du défunt ne peut être étendue à ceux auxquels cette volonté a été constamment favorable.

L'héritier qui ne se trouve pas dans un des cas d'indignité prévus par la loi ne pourra, pour aucune raison, être dépouillé des biens qui lui auraient été légués ou donnés, et cela quand même ces biens devraient, par son intermédiaire, être acquis à une autre personne frappée d'indignité. Par exemple, le père de celui qui dirige une accusation de faux contre un testament pourra exercer les actions héréditaires. Le fils de famille, en effet, lorsqu'il a agi à l'encontre des intentions de son père ne peut pas lui porter préjudice (L. 5, § 5, D. *his quæ...*).

§ 2.

Nous savons par qui et dans quelles limites, soit quant aux personnes, soit quant aux biens, l'indignité est encourue. Voyons maintenant quelle est la position de l'héritier frappé de cette déchéance.

Il a le droit d'appréhender les biens de la succession, mais il en est exclu plus tard. *Indignus est*, dit Cujas, *qui capere potest et vero etiam cepit, sed quod cepit retinere non potest.* C'est là ce qui différentie si profondément l'indigne de l'incapable qui, lui, n'a pas de vocation légale à l'hérédité. Il est arrêté pour ainsi dire avant d'entrer dans la succession. L'indigne, au contraire, est exclu après en avoir pris légalement possession. Les biens lui sont enlevés, *eripiuntur vel auferuntur*, d'après le langage des jurisconsultes romains. Ils sont attribués au fisc, excepté dans quelques cas déterminés, et dont nous avons fait connaître les principaux. Justinien, dans une Constitution insérée au Code (L. 1, § 12, *de caducis tollendis*), déclare qu'il ne déroge en rien sur ce point aux antiques règles du droit.

Cette attribution au fisc qui nous paraît si contraire aux principes de la morale et aux droits de la famille se justifie par cette considération, que les fautes doivent être personnelles et que le châtiment infligé à un héritier ne doit pas être une cause de bénéfice pour un autre. *Pœna unius non debet prœmium alterius esse.* Cette règle sera admise toutes les fois que des raisons particulières ne viendront pas en faire fléchir la rigueur.

Les cohéritiers, les héritiers légitimes ou ceux qui sont substitués dans le testament seront écartés. On pourrait élever des doutes quant à la légitimité de l'exclusion qui frappe les substitués. Il est de principe, en effet, qu'ils sont toujours préférés au cohéritier. C'est ainsi que la loi

2, D. *de bon... poss... sec... tab...* (1) décide que, dans le cas d'une double institution, le substitué est appelé si l'héritier qui le précède ne vient pas à l'hérédité. Cette observation n'a pas de portée en l'espèce; le substitué, en effet, n'est appelé en général qu'à défaut de l'institué, il faut donc que celui-ci ne vienne à la succession. Nous avons vu qu'il n'en est pas ainsi pour l'indigne, *non deficit sed ejicitur*. La condition, pour que le substitué succède, ne s'est donc pas réalisée.

Il est probable que cette attribution au fisc admise sans conteste à l'époque de Justinien, n'existait pas dans le premier état du droit. Primitivement, les lois caducaires ne lui donnaient pas en première ligne les biens que ne pouvaient pas recueillir les célibataires ou les *orbi*. Ne serait-il pas naturel de croire qu'il en était de même, dans le principe, des biens enlevés aux indignes?

Ces doutes prennent une certaine consistance, lorsque l'on parcourt les textes des anciens jurisconsultes. Ulpien dit, en effet (§ 17, tit. 19 *regulæ*), *lege nobis acquiritur velut caducum vel ereptorium ex lege Pappia Poppæa*. On peut tirer, de ce passage malheureusement trop succinct, deux conséquences. C'est d'abord que le jurisconsulte établit une complète assimilation entre des biens de nature différente. Nous savons, en effet, que les mots *caducum, caduca*, désignent les biens enlevés, d'après les dispositions (2) des lois *Pappia Poppæa*, à ceux dont

(1) Dig. 37, 11. L. 2, § 8.
(2) Ulpien, reg. XVII; Machelard, *Accroissement*, p. 125, 186 et suiv.

elles proclament l'incapacité. Que signifie le mot *ereptorium* ? Ce n'est pas lui assigner une étymologie invrai-
semblable que de le faire dériver du verbe *eripere*. Il s'applique donc aux biens *quæ eripiuntur*. Or, Cujas nous
dit à ce sujet : « *Omne quodcumque cadit in fiscum*
» *caducum est, et specialiter caduca fiunt quæ nondum de-*
» *lata aut acquisita sunt : auferuntur vel eripiuntur quæ*
» *jam acquisita sunt.* » Evidemment ces biens dont l'héritier est privé après qu'il les a acquis, sont ceux qui
sont enlevés aux indignes postérieurement à l'adition
d'hérédité. D'après Ulpien, la dévolution de ces biens
s'opère de la même manière que celles des *caduca*. Or,
nous savons qu'à l'époque où écrivait ce jurisconsulte,
les *caduca* étaient recueillis d'abord par les *patres* dont
les noms figuraient dans le testament. Il ne pouvait
dans aucun cas être question d'attribution au fisc, si ce
n'est au défaut de *patres*.

C'est donc que les *ereptoria* ne peuvent pas être re-
vendiqués par lui ; cela résulte évidemment de ce mot
nobis dont se sert Ulpien, qui ne peut pas évidemment
s'appliquer au fisc. Il n'est pas probable que le jurisconsulte ait voulu parler des cas dans lesquels les biens
enlevés aux indignes sont donnés aux héritiers du sang.
La proposition qu'il énonce est générale : elle ne peut
donc pas se référer à des cas exceptionnels. Tout prouve
que les principes étaient les mêmes pour les *caduca* et les
ereptoria ; l'assimilation entre eux était complète.

Il reste quelques traces au *Digeste* de ces ressemblan-
ces. Les textes sont nombreux, dans lesquels le mot *caduca* désigne les biens enlevés aux indignes. C'est ainsi,
pour ne citer qu'un exemple, que la loi 2, § 2, D. *si quis*

4

aliquem testari (1), parlant du cas où une personne a accepté un fidéicommis tacite, dit : « *ea hœreditas caduca* » *cum suis oneribus fiet.* » (Voir aussi dans le même sens la loi 3, p., D. *de his quœ in testamento delentur*) (2).

Le texte d'Ulpien nous paraît avoir une influence décisive dans la question, en ce sens qu'il exclut toute idée de dévolution au fisc. Quelles étaient donc les personnes appelées? Ici le champ est ouvert aux controverses et aux investigations historiques. Il semble bien que les *ereptoria* pouvaient être donnés aux cohéritiers de l'indigne, à ceux qui lui étaient substitués ou aux héritiers légitimes.

Faut-il dire avec M. Ortolan qu'ils devaient passer aux *patres* nommés dans le testament, suivant les règles établies pour les biens que l'héritier ne pouvait acquérir en vertu des dispositions des lois caducaires? Cela est probable. Réglementée par ces lois, l'indignité devrait produire les mêmes effets que les incapacités créées par le législateur ; mais, nous le répétons, ce ne sont là que des suppositions. Il nous est impossible de prendre un parti dans une question, pour la solution de laquelle nous manquons d'une base précise et certaine. Quoi qu'il en soit de ces hésitations et de ces doutes, on peut affirmer que depuis longtemps déjà, sous Justinien, les biens enlevés à l'indigne sont attribués au fisc.

Nous avons vu plus haut que l'héritier qui s'est engagé par fidéicommis tacite *contra leges* ne peut pas retenir la *quarte falcidie* sur les biens qu'il a promis de

(1) Dig. 29, 6.
(2) Dig. 28, 4.

restituer. Les légataires subiront la réduction que la loi autorise, mais c'est le fisc qui en profitera. L'héritier néanmoins, s'il a été institué pour une part plus forte que celle qu'il doit remettre, prélèvera la quarte sur l'excédant (L. 11, D. 34, 9). Modestin (L. 59, § 1, *ad legem Falc.* (1), énonçant cette solution, en attribue l'origine à un sénatus-consulte Plancien (2) qui ne nous est pas connu. Il aurait été confirmé par un rescrit d'Antonin; mais nous manquons sur ce point d'informations précises.

L'indigne ne recueille pas les legs qui lui ont été faits (L. 15, § 1, D. 29, 5). On pourrait objecter la loi 43, § 3, D. *de vulgari et pupillari substitutione*, 28, 6. Nous ne croyons pas qu'il soit possible d'en tirer argument. Elle ne vise pas, en effet, le cas d'un legs, mais bien celui d'une substitution pupillaire. L'indigne pourra en recueillir le bénéfice, c'est le texte qui le dit formellement. L'exclusion prononcée contre lui n'empêche pas, en effet, dit le jurisconsulte Paul, qu'il conserve sa qualité d'héritier; il pourra donc jouir de tous les bénéfices qu'elle confère. Or, le testateur a substitué à ses fils, *quisquis sibi heres esset.*

Cependant, celui qui est indigne pour cause de fidéicommis conserve les prélegs qu'il devait acquérir pour lui seul. L'héritier, dont le testateur a effacé le nom, garde aussi les legs qui lui ont été maintenus (L. 18, § 2, 12; D. *de his...*).

(1) Dig. 35, 2.
(2) Rudorff (Romische, Geschichte I, p. 112, 116, et II, p. 277), le place sous Vespasien, ou du moins avant le règne d'Adrien.

§ 3.

Quant aux biens qui ont été enlevés à l'indigne, ils le sont radicalement *et cum omni emolumento*. Il est juste que l'héritier coupable ne retire aucun profit de la faute qu'il a commise. *Ergo*, dit la loi 17, § 2, D. *de usuris, et usurarum emolumentum aufertur heredi* (1).

Par application du même principe, celui qui n'a pas poursuivi le meurtre du défunt et fait les démarches nécessaires pour en obtenir réparation, devra rendre tous les fruits des biens héréditaires, à partir du jour où il a eu le droit de les percevoir. « *Non enim* (L. 1, C. *de* » *his quibus…*) *bonœ fidei possessore sante illatam contro-* » *versiam videntur fuisse qui debitum. officium pietatis* » *scientes omiserunt.* »

La loi 17, D. *de his quœ…* apporte un tempérament à cette règle. Elle dit, en effet, dans sa seconde partie, que si l'héritier n'a pas intenté l'action, parce qu'il igno- rait le fait du meurtre, il pourra exciper de sa bonne foi pour tout le temps qui a précédé la demande. Cela résulte en outre par *a contrario* du mot *scientes* de la loi 1 au Code précitée. A la différence donc de celui qui a été de mauvaise foi, il gardera les fruits perçus jusqu'à la *litis contestatio*. Quant à ces actions éteintes par la confusion, il pourra les réclamer de nouveau : « *Nec* » *improbe confusam actionem reddi postulaturum.* »

On ne peut, en effet, frapper d'une pareille déchéance qu'une personne dont la culpabilité est évidente. Aller

(1) Dig. 22, 1.

au-delà serait injuste. Telle est la théorie contenue en germe dans la première partie de la loi 1 au code que nous venons de citer.

S'il est de mauvaise foi, il devra rendre tous les fruits qu'il a perçus avant la demande, et même, à partir de la *litis contestatio*, l'intérêt de ceux qu'il a vendus. Quant à ceux qu'il a consommés, il n'en doit que la valeur sans les intérêts. D'après un rescrit de Sévère, dans le cas de fidéicommis tacite, les fruits seuls sans intérêts seront dûs même après la *litis contestatio* (L. 18, *pr.* D. *de his quæ*...).

La seconde partie de la loi 1 au code, a trait aux intérêts produits par les sommes héréditaires. Il semblerait d'après les principes généraux que la même règle dût être appliquée dans les deux cas. Les intérêts sont régis par les mêmes principes que les fruits « *usuræ vicem fructuum obtinent.* » (L. 34, D. *de usuris*, 22, 1.) Cependant il n'en est pas ainsi.

Les intérêts que l'indigne peut avoir reçus proviennent de deux sortes de capitaux : ceux qu'il s'est procurés par la vente de biens héréditaires ou des denrées trouvées dans les greniers des fermes dépendant de la succession ; ceux qu'il a reçus en vertu des créances héréditaires. La loi dit qu'il n'en devra les intérêts qu'à compter du jour où la demande aura été intentée. Remarquons que le texte ne fait pas ici de distinction entre l'héritier de bonne ou de mauvaise foi. La règle est générale et doit s'appliquer dans tous les cas. L'héritier doit seulement les intérêts *semisses* ou la moitié de l'intérêt le plus élevé, c'est-à-dire 6 0/0 ; c'est là le taux de l'intérêt des sommes dues au fisc (L. 17, § 6, *de usuris* D.).

§ 4.

Toutes les fois que le fisc recueille une succession enlevée à un indigne, il l'acquiert *cum onere*, c'est-à-dire,
avec toutes les charges qui la grèvent, *nam hoc est per-
petuum caduca fieri cum onere.* » De là, l'obligation
imposée au fisc de payer les legs et de remettre les
fidéicommis aux personnes désignées dans le testament
ou le codicille. Cependant, il faut le reconnaître, le legs
fait à la personne qui a empêché le défunt de changer
son testament n'est pas caduc, et doit être délivré au
légataire si celui-ci est chargé de le remettre à un tiers
(L. 1, § 1, D. *si quis aliquem...* 29, 6). Le fisc, en effet,
n'aurait en l'espèce aucun intérêt à prendre la place de
l'héritier, puisque les biens légués ne doivent pour ainsi
dire que passer entre ses mains.

Sauf cette exception qui se justifie d'elle-même, le
légataire indigne sera privé des bénéfices qui lui étaient
accordés par le testament. Le fisc exerce, au lieu et place
de l'héritier, les actions héréditaires et doit se soumettre
à toutes les charges imposées par le testateur à celui qu'il
a institué. Si donc l'indigne est chargé d'affranchir son
propre esclave ; le fisc devra l'acheter pour le faire jouir
de la faveur qui lui a été accordée. Il faut cependant,
cela était presqu'inutile à dire, que le maître consente
à la vente ; car la faute qu'il a commise contre le défunt,
ne doit pas avoir pour effet de le dépouiller de son droit
de propriété. « *Non potest cogi qui judicium sprevit*
» *defuncti.* » L. 5, § 4, D. *de his quæ...*

On peut objecter à cette solution de Paul la loi 1, § 1, D. *si quis aliquem testari* (1), dans laquelle il est dit que l'esclave dont l'institution est maintenue, grâce aux manœuvres de son maître, ne sera pas admis à exercer les actions héréditaires. On peut encore citer la loi unique D. *quibus non competit bon. poss.* (2), qui reproduit l'espèce et la solution de la loi précédente.

Si l'esclave institué héritier, peut-on dire, ne doit pas jouir des bénéfices de cette institution à cause de la faute de son maître, pourquoi admettre une solution contraire dans le cas de la loi 5 ? Le principe consacré par les deux derniers textes est plus conforme aux idées de la jurisprudence romaine et à la théorie de l'acquisition des biens par les personnes que l'on a sous sa puissance.

Cette argumentation ne saurait être soutenue en présence d'un examen plus attentif des deux espèces proposées.

Dans les cas où les textes écartent l'esclave de la succession, il est manifeste qu'il a été conservé dans le testament malgré la volonté clairement exprimée du testateur. Il n'a pas eu *supremam voluntatem defuncti*, ce qui suffisait, nous l'avons vu, pour faire prononcer l'indignité. C'est donc pour une cause qui lui est personnelle et non par la raison que son maître a commis une faute qu'il est écarté de la succession. Dans l'hypothèse posée par la loi 5, au contraire, la volonté du testateur a été jusqu'au dernier moment favorable à l'esclave. Il se trouve dès lors dans une position meilleure, et la faute de son

(1) Dig. 29, 6.
(2) Dig. 38, 15.

maître, seule cause de l'indignité, ne doit pas lui porter préjudice.

Quoi qu'il en soit de ces questions sur lesquelles l'antinomie apparente des textes peut donner lieu à la controverse, il est de principe que le fisc doit payer tous les legs qui grèvent la succession dont il profite (L. 16, § 2, D. *de his quœ*). C'est ce que dit d'une manière formelle un rescrit d'Antonin rappelé par la loi 3, § 4, D. *de jure fisci* (1) ; L. 14, D. *eod. tit.*).

Il n'y a d'exception à cette règle générale que pour le cas où le testateur ayant manifesté l'intention de changer ses dispositions en a été empêché par les manœuvres des héritiers institués. Le fisc, dans cette hypothèse, n'aura pas à payer les legs. L'intention de changer ses dispositions prouve, en effet, que le testateur « *ab uni-* » *verso judicio priore recessit* » (L. 19, D. *de his quœ*).

§ 5.

L'exclusion de l'indigne a pour effet de séparer complètement son patrimoine de celui de la succession. Il devient étranger aux droits et actions héréditaires. Il n'est donc plus chargé des dettes du *de cujus* et n'est pas exposé à l'action de ses créanciers. Cependant l'adition d'hérédité qu'il a faite, produit des conséquences irrévocables.

« Ainsi quand un indigne, dit M. Walter (2),

___

(1) Dig. 49, 14.
(2) Romische Rechtsgeschichte, 5e édit., Rom., 1860.

« t. 2, n° 688, acceptait la succession, il demeurait
« héritier dans la rigueur des principes. Les créances
« contre son auteur s'éteignaient par confusion et ne
« revivaient pas ensuite quand il avait subi la perte
« qui lui était infligée par suite de l'indignité. » (L. 8,
17, D. *de his quæ…*; L. 29, § 1, D. *de jure fisci*).

Tous les droits de l'héritier étaient éteints par la confusion. Or il est de principe qu'un droit éteint ne saurait
jamais renaître. Les servitudes actives qu'il avait sur
les biens héréditaires sont perdues. En un mot l'adition
d'hérédité produit tous ses effets ordinaires; le fisc exerce
seulement, à la place de l'héritier, les actions héridi-
taires. (L. 18, § 1, D. *de his*….).

L'héritier déclaré indigne ne pouvait en rien bénéficier de ce qui lui était laissé ou de ce qu'il aurait pu
recueillir en vertu du testament.

Le paragraphe dernier de la loi 5, D. *de his…* contient
une disposition qu'il est, croyons-nous, important de
signaler. Il est ainsi conçu : « *Omnes qui ut indigni*
« *repellentur, summovendi sunt a præmio, quod secun-*
« *dum edictum divi Trajani datur his, qui se deferunt.* »

Il est nécessaire, pour comprendre les termes de cette
loi, de faire une courte digression historique. Les lois
caducaires rencontrant d'énergiques résistances dans les
mœurs étaient très souvent éludées. Les empereurs
cependant, depuis l'attribution des *caduca* au fisc, avaient
le plus grand intérêt à en maintenir l'observation. Non
contents de faire prononcer l'indignité contre celui qui
se chargeait de transmettre par la voie d'un fidéicommis
tacite les biens à lui légués, ils voulurent prévenir la
fraude en intéressant directement à sa répression la

cupidité de chacun. La délation fut organisée et encouragée par la perspective d'une prime. « *Lege Pappia* « *Poppœa prœmiis inducti, ut, si a privilegiis parentum* « *cessaretur , velut parens omnium populus vacantia* « *teneret.* » (Tacite, Annales, livre 3, § 28).

Les délateurs étrangers n'étaient pas, paraît-il, suffisants, car Trajan permit aux incapables appelés à recueillir les biens de se dénoncer eux-mêmes. Ils conservaient dans ce cas, à titre de récompense, une partie des choses comprises dans le fidéicommis, et tous retiraient ainsi un bénéfice de cet étrange compromis, et le fisc qui s'enrichissait et l'incapable qui gardait la moitié des biens. Les femmes elles-mêmes furent admises à se dénoncer (L. 16, D. *de jure fisci*, 49, 14).

Nous ne croyons pas pouvoir mieux caractériser ce triste état de choses qu'en empruntant à M. Machelard ces remarquables paroles : « Pour assurer l'efficacité des » mesures destinées à relever la pénurie des finances, il » fallut faire appel aux passions mauvaises, se donner » pour auxiliaires la cupidité sordide, la soif du gain par » tous les moyens, au risque d'encourager l'industrie » la plus dangereuse et la plus méprisable. Triste né- » cessité du législateur qui veut faire violence aux » mœurs et donner quelque vitalité à des institutions » tyranniques en opposition avec les sentiments de la » nation (1) ! »

Cependant, par un juste retour à des idées plus logiques et plus morales, les lois romaines introduisirent une restriction à ces trop grandes faveurs accordées à la délation.

(1) *Accroissement*, p. 264.

Si l'incapable en se dénonçant conservait une part des biens légués, cela pouvait, à la rigueur, se comprendre, car il ne s'était rendu coupable d'aucune faute. Le fiduciaire, au contraire, qui, en connaissance de cause, a accepté un mandat dont la loi lui défendait de se charger, se trouve dans une situation beaucoup moins favorable. Sa culpabilité le rendra donc passible d'un double châtiment : l'indignité sera prononcée contre lui ; de plus, s'il se dénonce lui-même, il perdra tous ses droits à la prime attribuée aux délateurs. Tel est le sens de la loi que nous venons de citer.

§ 6.

La mort de l'indigne n'enlevait pas au fisc le droit de revendiquer les biens héréditaires ; il pouvait les réclamer même entre les mains de ses héritiers. Il en devait être ainsi, disait-on, en vertu de ce principe que l'action pécuniaire ne s'éteint pas par la mort du défendeur. (L. 22, D. *de senat. silan.* (1) ; L. 9, D. *de jure fisci,* 49, 14).

(1) Dig. 29, 5.

ANCIEN DROIT FRANÇAIS.

CHAPITRE Ier

PÉRIODE GERMANIQUE.

1. A la chute de l'Empire romain, le Droit dut subir l'influence de la révolution politique qui s'accomplissait. Etouffé d'abord par le bruit de la conquête, il reprit plus tard son autorité lorsque les royautés barbares s'élevèrent sur les ruines de l'ancien monde. Deux peuples, différant profondément entre eux par les mœurs et les institutions, se trouvèrent en présence dans chacun de ces royaumes. Ces différences furent respectées par les vainqueurs : chacun put suivre la loi de son origine.

2. Dans cet état de choses, on songea à recueillir les monuments de la législation romaine et à les approprier aux institutions nouvelles. Cette réforme, nécessairement rapide, ne pouvait être qu'incomplète : elle ne porta que sur les points les plus saillants et les plus usuels du Droit.

Il en fut de même des lois germaniques qui furent alors rédigées. Les atteintes à la propriété des vainqueurs, à leur existence même si souvent menacée furent sévèrement réprimées. Quant aux idées plus élevées, qui servent de fondement à la théorie de l'indignité, elles durent échapper au législateur de cette époque. On ne songe aux droits et aux devoirs de la vie de famille que dans les sociétés où l'ordre public repose sur des bases solides. La législation romaine cependant exerçait depuis trop longtemps son empire dans les Gaules pour que les dispositions relatives à notre sujet pussent être complètement oubliées. Aussi en retrouvons-nous quelques traces dans tous les recueils de l'époque.

3. C'est ainsi que la loi romaine des Wisigoths nous fait connaître certains cas dans lesquels l'indignité était prononcée. Dans la partie du *Bréviaire* qui correspond aux titres du Code Théodosien, nous trouvons la disposition suivante relative à la veuve qui se remarie pendant l'année de deuil : « *Sciat se infamiæ subjacere et* » *quidquid per eum* (le premier mari) *consecuta fuerat,* » *perdat, et qui proximiores gradu junguntur, omnia sibi* » *vindicent.* » (liv. 3, tit. 8, *epitome*). C'est là, on le voit, une disposition identique à celle que nous avons rencontrée dans le droit de Justinien.

4. Ceux qui contractaient des unions incestueuses étaient indignes de conserver les libéralités qu'ils s'étaient faites. Les biens ainsi enlevés aux époux étaient attribués au fisc (liv. 3, t. 12, *epitome*).

Aux termes du § 1 de l'*Interpretatio* du titre 19 du livre 9, la jeune fille qui s'est laissé enlever sans résister à son ravisseur, perd tous ses droits à la succession

de ses parents : « *Illœ quœ rapiuntur invitœ, quœ non*
» *vocibus suis de raptore clamaverint ut vicinorum vel*
» *parentum solatio adjutœ liberari possent, parentum*
» *suorum eis successio denegetur.* »

5. Nous trouvons encore quelques textes relatifs à
notre sujet dans les dispositions de la loi qui correspondent
aux Sentences de Paul. L'héritier qui ne venge pas le
meurtre du testateur est déclaré indigne. « *Honestati enim*
» *heredis convenit, qualemcumque mortem testatoris inul-*
» *tam non prœtermittere* » (Liv. 3, tit. 7, *epitome*).

6. Les dispositions du sénatus-consulte Silanien sont
applicables dans le royaume des Wisigoths, ainsi que les
règles suivantes dont nous avons déjà parlé dans la première partie de ce travail. Sont frappés d'indignité :
1° ceux qui n'ont pas exécuté les ordres du défunt en
tant qu'ils n'étaient pas contraires aux lois et aux bonnes
mœurs ; 2° l'héritier présomptif qui a empêché son parent
de faire un testament ; 3° le père de famille ou le maître
qui intente une accusation de faux contre le testament
dans lequel son fils ou son esclave est institué et qui perd
son procès (livre 5, titre 13). Le § 4 de Paul relatif au
mineur qui intente cette action est textuellement reproduit dans le texte du *Bréviaire.* Nous croyons inutile de
revenir sur cette disposition que nous avons déjà fait
connaître.

7. Le *Papien* qui était, comme on sait, la loi des
Romains habitant le territoire bourguignon, nous fournit
aussi quelques renseignements précieux. Nous pouvons
citer, au titre IX *de raptu puellarum,* une disposition analogue à celle que nous avons rencontrée dans le *Bréviaire.*
La fille qui s'est laissé enlever perd tous ses droits à la

succession de ses parents. Quant au ravisseur, il était
puni de mort. « *Quibus etiamsi principali beneficio præs-*
» *tatur vita filios in potestate habere non possunt neque*
» *eorum hereditatem quoquo modo vindicare : sed facul-*
» *tas ipsa proximis parentibus adquirenda secundum Gaii*
» *regulam.* »

L'indignité était aussi prononcée contre la veuve qui,
avant l'expiration de l'année de deuil, contractait un
second mariage (titre 16).

8. On le voit, le droit romain s'était perpétué avec de
légères modifications dans les pays où des recueils spé-
ciaux avaient été rédigés. En était-il de même dans les
autres contrées et notamment dans le territoire de l'empire Franc, là enfin où les lois romaines n'avaient pas été
récemment codifiées? La théorie de l'indignité était-elle
connue dans ces pays? Nous pouvons répondre affirmativement à cette double question. Quant au sujet qui
nous occupe, nous trouvons dans M. de Savigny un précieux document. « En 634, dit cet auteur (1), les quatre
» fils de Sadregisillius, duc d'Aquitaine, ayant négligé
» de venger sa mort, furent dépouillés de sa succession
» conformément au droit romain, et Dagobert Ier fit dona-
» tion de ces biens à l'abbaye de Saint-Denis. » M. de
Savigny cite à l'appui de son opinion le document suivant : « *Secundum leges romanas quæ sanciunt à paterna*
» *eos decidere hereditate debere, qui noluerunt interfecti*
» *necem vindicare omnibus paternis expoliati sunt bonis* »
(*Caroli Calvi præceptum.* an 845).

9. Indépendamment de ces recueils connus sous le

_____

(1) *Histoire du Droit Romain au moyen-âge*, t. II, p. 67.

nom de lois romaines, les coutumes germaniques furent rédigées et formèrent un Code particulier pour chacun des royaumes barbares. Ces lois étaient surtout des lois pénales. Sans parler de la composition organisée et réglementée avec tant de soin, nous voyons que la confiscation était admise presque chez tous les peuples.

10. Nous trouvons dans cet ordre d'idées une disposition assez remarquable dans la loi des Wisigoths. Nous lisons, en effet, au livre VI, titre 5, §§ 17 et 18, que les biens du meurtrier sont attribués aux parents de sa victime, pour moitié s'il a des enfants, en totalité s'il n'en a pas. A défaut de parents de la personne homicidée, les biens sont attribués au fisc. On le voit, il n'est pas encore question d'indignité.

Il serait, néanmoins, contraire à la vérité d'admettre qu'elle ait été complètement étrangère aux préoccupations des législateurs barbares. Nous pouvons, en effet, signaler certains cas dans lesquels elle était admise.

11. La loi salique nous en fait connaître un des plus caractéristiques. Aux termes de son titre 63, celui qui veut rompre tout lien de parenté avec les membres de sa famille, doit se rendre dans le *mallum*. Là, devant l'assemblée, il prend une baguette d'aulne (*fustes alninos*), la brise en quatre et en jette les fragments dans le *mallum*. « *Et ibi dicere ut et de juramento et de hereditate » et de totâ illorum se ratione tollat.* » Par suite de cette déclaration solennelle, il devenait complètement étranger à sa famille. « *Et si postea*, ajoute le texte, *aliquis » de parentibus suis aut moritur, aut occiditur, nihil ad » eum de ejus hereditate vel de compositione pertineat.* » C'est bien là un cas d'indignité, résultant de la rupture d e

tout lien de parenté. Le coupable perd ses droits de famille, mais ses parents ne peuvent pas, à leur tour, se prévaloir d'un lien qui n'existe plus et sont inhabiles à recueillir sa succession (§ 3). Cette dernière disposition paraît, cependant, n'avoir pas été toujours en vigueur. Notre citation est empruntée au texte connu sous le nom de *Lex emendata* publié sous le règne de Charlemagne. Le manuscrit de Wolfenbuttel, plus ancien, dit au contraire pour expliquer les conséquences de la rupture du lien de parenté : « *Si postea aliquis de suis parentibus* » *aut moriatur, aut occideret, nulla ad eo nec hereditas* » *nec composicio permanit : si vero solo moriatur aut* » *occidatur, composicio aut hereditas ad eis permanit.* » On le voit, malgré cette différence de rédaction, il est un point qui a toujours été admis, c'est que l'indignité était prononcée contre celui qui avait manifesté l'intention de demeurer étranger à sa famille. C'est, du reste, ce fait que nous avions uniquement à constater.

12. La loi des Bourguignons admet l'indignité dans le cas de rapt. Nous devons faire observer que la jeune Romaine seule était frappée de cette peine, lorsqu'elle épousait le Bourguignon qui l'avait enlevée. La fille Burgonde, au contraire, peut rentrer dans sa famille et y reprendre tous ses droits. Son ravisseur, s'il l'a épousée, doit seulement payer *in triplum* le *nuptiale pretium* qu'il était d'usage de compter aux parents de la mariée. « *Romana vero puella, si sine parentum suorum voluntate* « *aut conscientiâ se Burgondionis conjugio sociaverit,* » *nihil se de parentum facultate noverit habituram* (1). »

_____

(1) L. des Bourguignons, tit. XII, § 5.

5

13. La loi des Lombards, à la différence des autres législations, prononce la confiscation des biens de ceux qui contractent des unions incestueuses. C'est ce qui ressort de divers textes placés au titre 8 du livre 2. Quant à l'indignité, nous la trouvons édictée contre ceux qui méconnaissent leurs devoirs envers les membres de leur famille. Ainsi celui qui a tenté de donner la mort à une personne dont il était l'héritier présomptif sera indigne de recueillir sa succession. Il n'est pas nécessaire qu'il ait eu recours à la violence; il sera puni, quels que soient les moyens employés par lui pour parvenir à son but; la loi parle seulement de celui qui *insidiatus est in morte parentis sui* (1).

Les biens enlevés à l'indigne sont attribués aux autres parents du défunt ou, à leur défaut, *ad curtem regis*, ainsi que s'exprime le législateur. *Res vero quas homicida reliquerit, parentes proximi, et legitimi habeant, et si parentes proximos non habuerint, tunc curti Regiæ socientur.*

Un mari, oublieux de ses devoirs et peu jaloux de sa dignité, donne à sa femme le conseil de commettre un adultère. La femme sera punie de mort d'après le droit commun. Quant au mari, il sera condamné à payer aux parents de sa femme la composition que le meurtrier doit à la famille de sa victime. Il sera, de plus, dépouillé des biens que sa femme lui a apportés. Les enfants ou les parents de la femme seront appelés à les recueillir à sa place. Tel est le châtiment qu'il aura encouru pour s'être rendu coupable d'un odieux calcul « *eo quod credimus,*

(1) L. des Lombards, tit. X, L. 1.

» dit Luitprand, *quod tale malum ideo quæsivit miser*
» *homo facere ut ipsam mulierem perdat et res ejus*
» *habeat*(1). »

14. L'*Edit de Théodoric*, loi destinée à régir tous les
habitants du royaume des Ostrogoths sans distinction
d'origine, prévoit quelques espèces qui rentrent dans
notre sujet. Ainsi, l'héritier institué, le légataire ou l'esclave affranchi qui ont commis un faux dans le testament
sont déclarés indignes de recueillir le bénéfice des dispositions faites en leur faveur dans ce même testament.
Ils sont, de plus, passibles des peines édictées contre les
faussaires.

L'héritier présomptif qui empêche le *de cujus* de faire
un testament est écarté de la succession qu'il a voulu
s'assurer en portant atteinte à la liberté du testateur (2).

15. La loi des Allemands (titre 35) nous fournit aussi
un exemple d'indignité. Aux termes des paragraphes 1,
2 et 3, le fils d'un *Duc* qui se révolte contre l'autorité
de son père, est exclu de sa succession. S'il a des frères,
ils recueilleront la totalité de l'hérédité paternelle. Dans
le cas contraire (nous citons ici textuellement), « *heredi-*
» *tas quam ille dux habuit in potestate regis sit, cui vult*
» *donet, aut illi filio ducis qui rebellavit, si potuerit per*
» *servitium hoc ad pedes regis conquirere, aut si alii*
» *vult dare in suâ sit potestate.* »

Nous retrouvons ici les deux règles fondamentales du
droit romain : exclusion de l'héritier comme indigne,
attribution de la succession au roi qui peut en disposer

(1) L. des Lombards, L. 1, tit. XXXII, § 6.
(2) *Edictum Theodorici regis*, §§ 50 et 55.

à son gré. Ce n'est pas tout-à-fait, il faut l'avouer, l'attribution au fisc, mais c'est une institution analogue fondée sur le même principe, à savoir que la faute d'un héritier ne doit pas être une cause de gain pour les autres.

16. Par une anomalie singulière, le titre 40 de la même loi ne prononce que la confiscation contre celui qui tente de mettre à mort son père, son frère, son oncle, sa mère ou sa sœur. « *Cognoscat se contra Deum egisse..* » *et coram omnibus parentibus ejus res ipsius infiscentur* » *et nihil ad heredes ejus pertineat amplius.* » La confiscation prend la place de l'indignité lorsque la victime de l'attentat n'est pas investie d'une fonction publique. Tant il paraissait important de maintenir l'autorité entre les mains des vainqueurs !

17. Cette même idée se retrouve dans la loi des Bavarois, titre 11, chap. 10, §§ 1, 2, 3 et 4. Le fils d'un *duc* qui se révolte contre son père sera privé de sa succession. Elle passera à ses frères ou au roi qui en pourra disposer à son gré, même en faveur du coupable s'il se soumet. Tous ses biens, d'ailleurs, sont confisqués. « *Nihil aliud habeat in potestate nisi quod per misericor-* « *diam rex vel pater ejus dare voluerit.* » Et tout cela, la loi le déclare expressément, pour le punir d'avoir violé les lois à l'égard de son père « *Quia contra legem pecca-* « *vit in patrem suum.* »

18. On le voit, et pour nous résumer, nous pouvons désormais l'affirmer, la théorie de l'indignité n'est pas étrangère aux lois barbares. Cela devait être : elle repose sur des idées trop justes pour être jamais entièrement méconnue. Aussi en retrouve-t-on quelques traces dans

les institutions de tous les peuples. Les *Sagas* scandinaves
en offrent la preuve. « C'était chez les Germains une
» ignominie en même temps qu'une impiété de laisser la
» mort d'un parent inexpiée et impunie. Tant que l'hé-
» ritier de la victime n'agissait pas contre le meurtrier,
» on eût regardé comme indécent qu'il s'emparât de la
» place d'honneur du défunt et qu'il entrât en jouissance
» de ses biens. C'était au plus proche parent qu'appar-
» tenait le droit de vengeance, *ultio proximi*, quand
» même le parent était un meurtrier lui-même, cela ne
» devait pas arrêter la vengeance. Il se trouve des exem-
» ples de frères qui l'exercent contre leurs frères, malgré
» le cri et la révolte du cœur, quand cette vengeance
» est réclamée par le blessé mourant, par sa femme ou
» par sa mère » (1).

CHAPITRE II.

PÉRIODE COUTUMIÈRE.

19. Nos coutumes nationales se sont formées lente-
ment sous la double influence du progrès des mœurs et
des nécessités de la pratique. Elles se sont, pour ainsi
dire, élaborées à l'audience du bailli. De là cette conséquence qu'elles reproduisent seulement les décisions les
plus usuelles. Elles ne traitent, en effet, que les questions sur lesquelles l'attention des magistrats était le plus

(1) Du Boys, *Histoire du Droit criminel chez les peuples modernes*, p. 56.

souvent appelée. Les cas d'indignité sont toujours très rares; il est donc probable que si quelques jugements étaient rendus en cette matière, ils étaient en trop petit nombre pour fixer la jurisprudence et permettre de formuler une théorie complète.

20. Un autre motif devait aussi, croyons-nous, amener ce résultat. Nous avons défini l'indignité : l'exclusion d'une succession à titre de peine. Celui qui en était frappé perdait, en droit romain, tous les biens qu'il aurait pu prétendre en qualité d'héritier légitime ou testamentaire, suivant les circonstances dans lesquelles sa faute s'était produite. Au moyen-âge, il n'en pouvait pas être ainsi. L'avoir d'une personne se composait, en effet, de deux sortes de biens, les acquêts et les propres. Les premiers constituaient ce que l'on pourrait appeler le patrimoine personnel du testateur qui pouvait en disposer à son gré; les seconds, attribués par la loi à la famille plutôt qu'à l'individu, étaient régis par des règles particulières. Celui des parents qui en jouit, n'en est, pour ainsi dire, que le dépositaire. Il ne peut en priver ses héritiers par la voie de l'exhérédation. La loi seule en détermine la dévolution d'après des règles inflexibles. C'est là un principe fondamental en droit coutumier.

21. Beaumanoir, après avoir énuméré les cas dans lesquels l'exhérédation est permise, dit formellement : « Si je le voil oster de mon testament, je dois dire en mon testament, » je ne voil pas que tex ou tele, qui est » mes hoirs, prengne riens en mes muebles, en mes » conquès ne el quint de mon héritage; car il m'a mef- » fet en tele manière que je croix mix faire le porfit de » m'ame à autre personne qu'à li. » Mais voirs est que

» des quatre part de mon héritage ne puis-je pas oster
» à mes hoirs ce que coustume et drois donne, ne pour
» nuls des cas dessus dis (1). »

22. De Fontaine reproduit la même règle et permet
au père de disposer seulement de ses conquêts et du
quint de son héritage. « Nos appelons héritage totes les
» teneures et totes les droitures qui nos eschèent de père
» ou de mère ou des autres personnes de nostre
» lignage (2). »

L'attribution des propres à certains membres de la
famille à l'exclusion de tous autres était si énergique
que, suivant les anciennes coutumes, au dire de
de Laurière, « quand il y avait dans une succession des
» propres maternels et des propres paternels, s'il n'y
» avait aucun parent du côté du père, les propres de ce
» côté étaient vacants et ils appartenaient aux seigneurs
» justiciers à l'exclusion des parents du côté de la mère
» et *vice versâ* » C'était là une disposition reproduite
dans toutes les coutumes (3).

23. On le voit, les propres qui composaient cependant
la plus grande partie de l'avoir d'une personne étaient
soumis à un régime exceptionnel. Le point le plus important et le seul dont nous ayons à nous occuper ici, c'est
que l'héritier ne pouvait être dépouillé par don de plus
d'un cinquième de ces biens. On comprend combien ce
principe devait s'opposer à l'admission dans nos coutumes de la théorie de l'indignité.

(1) Beaumanoir, *Coutumes de Beauvoisis*, chap. XII, § 17,
v. § 18.
(2) *Conseil de Pierre de Fontaine*, chap. XXXIII, § 12.
(3) V. *les coutumes notoires*, art. 92, – art. 268 ; *cout. d'Anjou*,
de Laurière, sur l'art. 350 *de la coutume de Paris.*

24. La faute pour laquelle cette déchéance est prononcée est une faute commise contre le testateur ou le *de cujus*. Comment, d'après ce que nous venons de dire, pourrait-on punir l'héritier en l'excluant de la succession de son auteur, lui qui a, sur les biens dont elle se compose, des droits fondés non sur sa qualité de fils mais sur la place qu'il occupe dans la famille? On ne peut pas dire que la volonté d'une personne expresse ou tacite puisse dépouiller un de ses parents des biens que la loi lui attribue. La théorie de l'indignité, telle que nous la comprenons, ne pouvait donc pas trouver place dans nos anciennes institutions coutumières.

25. Aussi les auteurs des XIIIe et XIVe siècles sont-ils presque muets sur le sujet qui nous occupe. On en retrouve pourtant çà et là quelques traces dans leurs écrits. Cependant, il faut l'avouer, tous les passages dans lesquels il en est question sont empruntés au droit romain. Ce n'est pas là un fait isolé. On retrouve, en effet, souvent des fragments du Digeste et du Code traduits dans certains coutumiers et notamment dans le *Conseil* de Pierre de Fontaine et la *Somme rurale* de Bouteiller.

Il ne faudrait pas dire que tous les passages qu'ils traduisent étaient admis dans la coutume. Ces auteurs, érudits pour leur temps, cherchaient à faire étalage de leur science et à faire prévaloir des règles qui n'étaient pas observées dans la pratique. Cette remarque porte surtout sur les fragments relatifs à la plainte d'inofficiosité que nos jurisconsultes essayèrent longtemps d'introduire dans nos mœurs.

26. Bouteiller (1) nous apprend que l'héritier d'un homme *occis* ou *meurdry* ne pourra recueillir sa succession que s'il a intenté des poursuites pour obtenir la répression du crime commis contre son auteur. « Et s'ainsi ne » fait l'hoir le seigneur a cause de mettre la main en la » dite succession comme à chose estraière. » Cette disposition est la reproduction d'une règle du droit romain. L'auteur, du reste, a soin d'en prévenir le lecteur. Il dit, en effet, qu'elle est empruntée au droit écrit.

27. Beaumanoir ne nous fournit aucun renseignement. Le *Conseil* de Pierre de Fontaine est plus explicite. Il rapporte plusieurs cas d'indignité. Les paragraphes qui en contiennent l'exposition ne sont que la reproduction de plusieurs lois du Digeste au titre *de inofficioso testamento*. Ils ne donnent aucune solution nouvelle et consacrent l'attribution au fisc des biens enlevés aux indignes. Cette traduction des lois romaines nous est suspecte. C'est ici, croyons-nous, le cas d'appliquer les observations que nous faisions tout-à-l'heure (2).

28. En dehors des passages que nous venons de citer, les anciens auteurs coutumiers ne prévoient aucun cas d'indignité. Faut-il dire qu'elle a été complètement étrangère aux institutions juridiques du moyen-âge ? Elle avait été, nous venons de le voir, pressentie par nos anciens jurisconsultes, et il est probable qu'elle avait été admise dans la pratique.

29. L'ancien droit, en effet, reconnaissait, avec les

(1) *Somme rurale*, tit. 78.
(2) V. au D., L. 8, § 14, 10, § 1, 11, 12, *de inofficioso test.*, et les §§ 17, 18, 19, chap. XXXIII, *du conseil de P. Fontaine.*

réserves et les précisions que nous avons indiquées, le droit d'exhérédation. Les anciens recueils sont pleins de détails intéressants sur cette importante matière. Or, l'indignité, nous l'avons dit, se rattache par des liens intimes à l'exhérédation. Elles avaient de plus en droit coutumier un effet commun en ce sens qu'elles étaient toutes les deux une cause de rescision de la saisine. Ne pourrait-on pas admettre que la distance qui sépare ces deux institutions a été franchie par les magistrats investis, en l'absence de toute disposition précise, d'une puissance si étendue?

30. Nous ne voulons pas dire pour cela que toutes les causes d'exhérédation aient été des causes d'indignité. Non, ce serait aller trop loin. Mais dans certains cas où la faute commise par l'héritier revêtait une plus grande gravité et où, par suite de circonstances particulières, le défunt n'avait pas déshérité son fils, le juge seigneurial pouvait bien prononcer contre l'enfant coupable la rescision de la saisine.

31. L'a-t-il fait en réalité? Cela est probable. La théorie de l'indignité a été entrevue au moyen-âge. Les anciens coutumiers en font foi. D'un autre côté, le droit romain attribuait au fisc les biens enlevés aux indignes. Les juges qui en connaissaient quelques textes auraient-ils négligé l'occasion de donner satisfaction à la morale en enrichissant le seigneur au nom duquel ils rendaient la justice? Ces applications de l'indignité, si elles ont été faites, ont dû nécessairement être fort restreintes et circonscrites dans les limites dans lesquelles l'exhérédation était permise. Elles ne pouvaient porter que sur les acquêts et le quint des propres. Nous devons faire con-

naître les cas d'exhérédation au moins dans leur généralité et leur ensemble.

32. D'après Beaumanoir (1), je puis déshériter mes
enfants « si je fui povres et il etaient rique et lor
» requis qu'il m'aidassent et il me faillirent : ou s'il
» mirent main à mi par mal talent : de tos tex cas les
» puis-je oster de mon testament. »

Certes l'injure était assez grande, la faute assez grave
pour mériter une répression sévère. Il en était de même
dans plusieurs autres cas que nous font connaître les
assises de Jérusalem (2). Nous citerons seulement les
principaux.

L'enfant qui a battu son père ou sa mère doit être déshérité *par droit, ce le père o la mère veullent.* Peuvent
être frappés de la même peine : ceux qui « metent men-
» songe de aucun crime de mauvaisté sur leur père ou
» leur mère et les accusent en court; » ceux qui n'ont
rien fait pour retirer leurs parents de captivité; ceux
enfin qui se sont rendus coupables de la faute prévue par
le passage suivant : « Ce le père ou la mère est hors
» dou sen, et ses enfants ne le guardent, ne ne li font
» ce que faire li doivent et pour ce celui vaut, et chiet
» et se brise le col, ou se fait aucun autre mal, la raison
» juge et commande que selles choses qui sont del père
» ou de la mère qui deussent être des enfants, s'il eus-
» sent fait vers eaus ce que il deussent doivent estre dou
» seignour par droit. »

33. Dans tous ces cas, le juge pouvait, croyons-nous,

---

(1) *Coutumes de Beauvoisis,* chap. XII, § 18.
(2) *Assises de la cour des Bourgeois,* § 219.

prononcer d'office l'exclusion d'une partie de la succession. Il le pouvait d'autant plus que ce devoir lui était imposé dans certaines hypothèses et notamment dans la dernière que nous venons de citer pour laquelle l'indignité était formellement édictée.

34. Ce ne fut que plus tard cependant, et lorsque le régime des propres fut modifié, que la théorie de l'indignité put être formulée d'une manière définitive. La coutume de Paris consacra par sa nouvelle rédaction l'abolition de la règle relative à l'attribution des propres au fisc, règle contre laquelle Dumoulin s'était énergiquement élevé (1). Désormais les propres furent soumis à des règles particulières, mais ils furent considérés comme faisant partie du patrimoine de l'individu et non pas seulement de celui de la famille. Les enfants purent être privés par l'exhérédation même de la réserve coutumière (2). On comprit dès lors la possibilité de punir l'héritier coupable envers le défunt en le privant de la succession tout entière, en le dépouillant des droits que lui conférait une position dont il a méconnu les devoirs. Ces idées, se développant sous l'influence toujours croissante du droit romain, permirent à nos jurisconsultes de poser des règles précises sur l'indignité. C'est là le sujet du chapitre suivant.

---

(1) Il dit, en effet, sur l'article 268, de la coutume d'Anjou : « *Hæc consuetudo iniqua est et per errorem emersit, eodem que* » *errore non fuit impugnata : interim tamen stat, donec in gene-* » *rali statuum consessu corrigatur.* »

(2) Furgole, chap. VIII, sect. II, nº 157 ; Merlin, Repert. vº *exhérédation* ; Denisart, vº *aliments*.

CHAPITRE III.

PÉRIODE ROYALE.

35. La connaissance plus approfondie de la législation romaine jointe à la rédaction des coutumes devait ouvrir au droit une voie nouvelle, à ses interprètes de plus larges horizons.

Les travaux de nos grands jurisconsultes portèrent la lumière dans toutes les parties de la science juridique. Ils nous présentent notamment la théorie de l'indignité en un corps complet de doctrine. Malgré l'abondance des documents à consulter, nous n'aurons pas à entrer dans de grands détails, car notre droit coutumier reproduit le plus souvent les règles admises en droit romain. Nous nous bornerons donc à faire ressortir les différences qui existent entre les deux législations en insistant spécialement sur les questions qui pourront offrir de l'intérêt au double point de vue de l'état des mœurs ou du progrès des idées.

§ 1.

36. Ce que nous avons dit au commencement de ce travail sur les rapports intimes de l'exhérédation et de l'indignité rencontre ici une nouvelle application. Elles

étaient prononcées toutes les deux pour les mêmes causes (1).

L'idée qui domine dans l'esprit des jurisconsultes, c'est que l'héritier qui s'est rendu coupable de certains faits ne mérite pas l'affection du défunt et ne doit pas, par conséquent, recueillir ses biens. Il peut être exclu de la succession par le *de cujus* lui-même, ou bien en vertu d'une disposition de la loi ou de la coutume.

37. Les causes d'exhérédation, quoique très-nombreuses, ne sont pas les seules qui permettent de faire déclarer l'héritier indigne d'une succession. Les tribunaux étaient, en cette matière, investis d'un droit souverain d'appréciation. Ils étudiaient les rapports qui s'étaient établis entre le *de cujus* et son successible et, s'ils ne leur paraissaient pas conformes aux sentiments de respect et d'affection que l'on doit avoir pour ses parents, ils prononçaient l'indignité. « Les causes qui » peuvent rendre l'héritier indigne de la succession, dit » Domat, sont indéfinies, et le discernement de ce qui » peut suffire ou ne pas suffire pour avoir cet effet, » dépend de la qualité des faits et des circonstances (2). » C'est là un principe fondamental en droit coutumier.

38. Nous devons avant tout faire une observation importante. Si l'on considère l'indignité comme une sorte d'exhérédation, c'est que l'on se place au point de vue de l'interprétation de la volonté présumée du *de cujus*. Si les intentions de ce dernier s'étaient manifestées dans un sens contraire, il est bien évident que la

(1) Pothier, *Traité des successions*, chap. I, § 2.
(2) Domat, *Lois civiles*, 2ᵉ partie, liv. I, tit. II, sect. 5, § 2.

présomption de la loi tomberait devant la réalité. Si donc il s'est écoulé un temps considérable depuis que le *de cujus* a eu connaissance des faits reprochés à son héritier sans qu'il l'ait déshérité, son silence doit passer pour une remise de l'offense qui, dès lors, ne serait plus suffisante pour faire prononcer l'exclusion (1).

39. Cependant, dans le cas de meurtre, les lettres de grâce ou d'abolition ne relèvent pas le coupable qui les a obtenues de la peine de l'indignité. Elle est même encourue dans le cas où la peine ne pourra pas être prononcée, parce que le meurtrier peut invoquer le bénéfice de la prescription.

La prescription, en effet, ne s'applique qu'à la peine corporelle ; c'est ce que l'on exprimait par ce brocard connu : « La peine se prescrit et non l'indignité. » — « Il n'est pas juste, dit Lebrun à ce sujet, que la bran- » che qui a porté le venin sur sa tige ait droit d'en » attendre quelque subsistance (2). »

Le respect des parents est un des premiers devoirs qu'imposent à l'homme la religion et la société. Tout enfant qui s'en écarte doit être sévèrement puni. Était donc exclu de la succession de son père, le fils qui, par sa négligence, avait occasionné sa mort. Lebrun (*loco citato*) prononçait même l'indignité contre lui, s'il n'avait pas secouru son père malade de la peste.

40. La règle, en vertu de laquelle le parricide est déclaré indigne, s'applique à tous ceux qui attentent aux jours de la personne dont ils doivent hériter.

(1) Pothier, *ibidem*.
(2) Lebrun, *Traité des successions*, liv. III, chap. IX, nᵒ 1.

Il serait immoral de donner à la société le scandaleux spectacle d'un homme succédant à celui qu'il a mis à mort.

L'héritier testamentaire qui a méconnu à l'égard du testateur les devoirs que lui impose la reconnaissance, doit être puni avec la même rigueur (1).

41. Pour que l'indignité puisse être légitimement prononcée, il faut que le crime soit imputable à l'agent. Tel est le principe général. Mais ne doit-il pas recevoir des exceptions? Que faut-il, notamment, penser du meurtre excusable ?

Barthole et Pothier enseignent que ce n'est pas une cause d'exclusion. « L'indignité est une peine, dit le » second ; il ne doit pas y avoir de peine là où il n'y a » pas de faute. »

Vasquez fait une distinction. D'après lui, celui qui a commis un meurtre méritoire qui, par exemple, a tué l'ennemi de sa patrie, ne sera pas déclaré indigne. Dans tout autre cas, il doit subir les conséquences de la faute qu'il a commise. Lebrun n'admet pas cette opinion et décide que le meurtre excusable doit entraîner l'indignité.

La raison morale sur laquelle est fondée la règle générale conserve, dans ce cas, tout son empire. L'assassin ne doit jamais succéder à sa victime, quelles que soient les circonstances qui ont accompagné son forfait. Il est dangereux de montrer aux passions humaines engagées dans la voie du crime l'appât d'une récompense. « Quel- » que nécessité qui puisse obliger quelqu'un de tremper

_____

(1) Domat, *loco citato*, § 5.

» ses mains dans le sang de ses proches, c'est toujours
» une cause légitime de le priver de la succession (1). »

Les mêmes motifs ne se rencontrent pas dans le cas
d'un meurtre par imprudence ou commis sans discernement de la part de l'agent : la solution sera donc différente.

41. L'indignité sera prononcée contre l'auteur du
crime et même contre celui qui en a fait naître l'occasion.
C'est ce que décide un arrêt de 1618 rapporté par
Brodeau, lettre S, n° 12. Il s'agit, dans l'espèce, d'une
femme qui fait mettre à mort son mari. Les assassins ne
peuvent accomplir leur crime qu'en tuant le beau-père
venu au secours de son gendre. Le Parlement prononce
l'indignité contre la fille qui, par suite de ces circonstances, avait été cause de la mort de son père.

Généralisant cette solution, on déclarait indigne celui
qui, instruit du dessein des meurtriers, n'avait rien fait
pour en empêcher l'exécution (2).

42. La rigueur était si grande contre celui qui atten-
tait à la vie du *de cujus* que sa faute rejaillissait même
sur ses enfants. Il était, en effet, universellement admis
que ceux-ci ne pouvaient, même de leur chef, venir à la
succession de la victime. « Il faut ôter, dit Renusson,
» toutes les occasions qui pourraient donner la pensée
» d'entreprendre des crimes (3). » Si par l'application
de cette règle les enfants sont réduits à la misère, ils
pourront obtenir des aliments.

---

(1) Lebrun, *ibidem*, n° 2.
(2) Lebrun, *ibidem*, n° 4 ; Domat, *ibidem*, § 4.
(3) Renusson, *Traité des propres*, chap. I, sect. V, sur l'article 518 de la coutume de Paris, n° 7.

Sauf cette exception, ils ne doivent en rien profiter du crime de leur père. Ils ne peuvent pas, d'ailleurs, le représenter, car ils n'ont pas pu recevoir de lui un droit qu'il n'avait pas (1).

Lebrun enseigne aussi la même doctrine : « On a » considéré, dit-il (n° 10), l'union naturelle qu'il y a » entre le père et le fils, qui est telle qu'il est impossible » de s'imaginer que le crime lui soit infructueux, quand » il profite actuellement à ses enfants. Ainsi, serait-il » juste qu'un père profitât à ses enfants et leur procurât » une succession par le meurtre de celui dont il est » héritier présomptif (2)? »

Telle était l'opinion généralement adoptée. Nous devons cependant le constater à l'honneur d'un de nos plus grands jurisconsultes, Pothier la repoussait au nom de la morale outragée et proclamait sans distinction ni réserve cette maxime salutaire que les fautes sont personnelles.

Celui qui ne venge pas le meurtre du défunt est déclaré indigne. C'est là du moins l'opinion générale (3). Pothier ne l'admet pas par ce motif que l'institution du ministère public dispense les particuliers d'intervenir directement dans la poursuite des crimes et délits. Il faut l'avouer, la grande majorité des auteurs adopte l'opinion contraire. Un arrêt du Parlement de Toulouse,

(1) De Ferrière, *Coutume de Paris*, tit. XV, art. 548, glose 2, § 95.

(2) Arrêt du Parlement de Paris, 15 mai 1665 ; Denisart, v° *indigne*, n° 2 ; arrêt de la chambre de l'édit du 24 août 1604 ; Brodeau sur Louet, lettre S, 20, n° 5.

(3) Domat, *ibidem*, § 8 ; Lebrun, *loco citato*, n° 5.

du 31 mai 1748, rapporté par Merlin, v° *Indignité*, § 4,
a décidé que, dans le cas de meurtre commis *vi aperta*,
l'héritier devait, sous peine d'indignité, intenter les
poursuites avant de s'immiscer dans les affaires de la
succession. Il en était autrement dans le cas contraire.
C'est là, comme on le voit, la reproduction de la règle
du Droit romain relative à l'observation du sénatus-
consulte Silanien (1).

43. Le plus proche parent devait intenter les poursuites qui, à son défaut, étaient à la charge des héritiers
du degré subséquent. Ceux-là acquéraient la succession
qui avaient accompli le devoir que la loi et l'affection
leur imposaient.

Il paraît que, dans les premiers temps, les juges frap-
paient de saisie les biens du défunt jusqu'au moment où
les poursuites avaient été intentées (2).

Les mineurs sont dispensés de l'accomplissement de
ce devoir (3). L'extrême indigence des héritiers était
aussi une cause d'excuse. C'est ce qui résulte d'un
arrêt rendu en 1630 et rapporté par Lebrun.

44. Sauf ces exceptions, l'obligation était générale et
s'appliquait à tout héritier *ab intestat* ou testamentaire.
Les femmes y étaient soumises sous peine de perdre les
avantages qui leur étaient faits par contrat de mariage et
d'être en outre privées de la part qu'elles auraient pu

----

(1) Arrêt du Parlement de Paris, du 24 juillet 1575; Louet,
lettre H, V, n° 23, et suivants.

(2) Charondas, note 6, sur le titre 78 de la *Somme rurale* de
Boutellier.

(3) Domat, *ibidem*, § 8; Lebrun, *ibidem*, n° 5.

prétendre dans la réparation civile infligée au meurtrier (1).

45. La nécessité d'intenter les poursuites n'est pas
si impérieuse qu'elle puisse prévaloir contre l'intention
clairement manifestée du défunt. S'il a accordé son pardon au meurtrier, l'héritier doit respecter sa volonté et
s'abstenir de montrer un zèle qu'il aurait d'avance
désavoué. On allait si loin dans cette voie que Lebrun
(n° 6) permet même au successeur de transiger avec le
coupable si le défunt est présumé avoir eu l'intention
de transiger lui-même. Tel est, par exemple, le cas
d'homicide par imprudence.

46. L'obligation de poursuivre ne saurait être imposée à l'héritier qui ne pourrait s'y conformer sans
porter atteinte à l'honneur de ses parents. Il serait contraire à la fois à la morale et à l'équité de forcer le fils à
dénoncer son père, la femme son mari, le père son
enfant (2).

47. Quelle solution faut-il admettre dans le cas où
le meurtrier est le frère de l'héritier? La majorité des
auteurs repousse toute assimilation avec les cas précédents. On peut cependant citer des arrêts pour la solution
contraire. C'est ainsi, notamment, qu'il a été jugé
par un arrêt de 1684 rapporté par Lebrun qu'une
sœur n'était pas, sous peine d'indignité, obligée de
poursuivre son frère meurtrier du *de cujus*. Nous
voyons, en l'absence de toutes dispositions précises, se

(1) De Ferrière, *loco citato*, n° 104 ; arrêt de 1651 ; Louet, H,
V, n° 8.
(2) Lebrun, n° 6 ; Henrys, liv. IV, chap. VI, question 103 ;
Boerius, *decisiones aureæ*, decis. 25, n° 13 et 14.

réfléter dans les hésitations de la jurisprudence française les doutes qui divisaient les jurisconsultes romains.

48. Un mari qui tue sa femme surprise en flagrant délit d'adultère, est indigne de recueillir les biens qu'elle lui avait donnés soit par contrat de mariage, soit par donation mutuelle (1).

Lebrun pousse plus loin cette espèce, et se demande (n° 7) si le mari pourra recueillir les biens de sa femme compris dans la succession de leur fils commun à laquelle il est appelé. Le fils succède, en ce cas, malgré la règle que nous avons posée plus haut, car « c'est » une consolation qui lui est due après le malheur de » sa mère, d'autant plus que l'on ne peut pas dire que » le père ait médité ce meurtre pour se procurer du » profit ou à ses enfants. » Le père pourra recueillir les biens dont il s'agit, car ils sont confondus dans le patrimoine du fils, en vertu de la maxime : *Hereditas adita jam non est hereditas sed patrimonium heredis.* Il succèdera, pour les meubles et acquêts, dans les pays de coutume, et pour le tout en pays de droit écrit. Ce qui fait ici fléchir la règle que le coupable ne doit pas profiter des suites de son crime, c'est qu'il s'agit d'un meurtre accompli dans des circonstances qui en font presque complètement disparaître la culpabilité (2).

49. On a voulu étendre cette solution à tous les assassins qui obtenaient des lettres de grâce ou d'abolition. Ainsi, un frère qui a tué son propre frère peut-il, après avoir été relevé de sa condamnation, recueillir la

(1) De Ferrière, *loco citato*, n° 97.
(2) Arrêt du 7 juillet 1615; Brodeau sur Louet, lettre S, 20, n° 7.

succession du défunt confondue avec celle de leur oncle commun? Certains arrêts, notamment un de 1621 rapporté par Lebrun, et un autre de 1647 cité par de Ferrière (n° 99) résolvent affirmativement la question. Lebrun repousse cette solution et soutient que le coupable ne doit profiter en rien des suites de son forfait. Il n'y a d'exception que pour les crimes commis *in casu permisso*, par exemple dans le cas de légitime défense et dans celui que nous venons d'examiner. Hors de là, la règle générale reprend son empire.

Il est admis, d'ailleurs, que les enfants de l'homicide ne peuvent pas succéder à la victime. Il n'y a pas de raison pour donner une solution différente au cas dont il s'agit. Comment, on écarterait les enfants, innocents cependant des fautes de leur père, et l'on permettrait à un frère qui a commis lui-même le crime de recueillir les bénéfices de son forfait! Cela n'est pas juste.

Aussi Lebrun admet-il, en ce cas, une cause particulière d'indignité qui ne s'appliquerait qu'à la portion des biens provenant de la victime. Cette exclusion porterait seulement sur les immeubles.

50. C'est, du reste, ce qui a été jugé, d'après Renusson (n° 13), le 15 mai 1665. Les enfants d'une femme ayant tué son père furent déclarés indignes de recueillir les biens de la victime compris dans la succession de leur tante. « Cette décision, dit l'auteur que nous venons » de citer (n° 15), se comprend, car celui qui a tué » son parent dont il était héritier présomptif, ne peut » avoir été saisi de la succession. On ne peut pas dire » qu'elle lui ait jamais appartenu, puisqu'il est indigne » de lui succéder, du moment où il a commis le crime.

» Il n'est pas raisonnable qu'il puisse profiter de son
» crime. »

Cette doctrine a pour effet de supprimer la différence
qui existe entre l'incapacité et l'indignité.

De Ferrière semblerait faire la même confusion, car il
dit formellement (*loco citato*, § 95) : *la quatrième cause
de l'incapacité est l'indignité.*

La distinction à établir est cependant d'une importance capitale. Si on la méconnaît, on arrive aux conséquences suivantes : l'indignité fait obstacle à la saisine ;
celui qui en est frappé n'a donc jamais été héritier. La
confusion ne s'est pas opérée entre ses actions et celles
de la succession. Dans le cas de succession testamentaire, la disposition faite en faveur de l'indigne sera considérée comme non écrite, et les héritiers *ab intestat*
appelés à remplacer l'indigne seront affranchis de l'obligation de payer les legs. C'est là du moins une conséquence forcée dans les pays de droit écrit où, à l'exemple
du Droit romain, on admettait l'institution d'héritier.

51. Les principes universellement admis protestent
contre une semblable théorie. L'indignité est une exclusion
prononcée à titre de peine. Cela ressort notamment des
termes du préambule de la section 3 précitée de Domat.
L'indigne est héritier saisi ; il est donc capable. Ce
n'est que postérieurement à l'acquisition de l'hérédité
qu'il est repoussé à cause de la faute qu'il a commise.

« La capacité de l'indigne, dit Furgole, est un effet
» des règles du droit au sujet de la capacité ; et l'indi-
» gnité procède d'une autre source et le plus communé-
» ment du fait ou de la négligence de l'indigne, ce
» qui n'a rien de commun avec la capacité, laquelle

» est inhérente à la personne par le ministère de la loi (1). » D'ailleurs, la disposition faite en faveur de l'indigne n'est pas considérée comme nulle et non écrite : elle est valable au contraire. Ce n'est que plus tard que l'héritier est privé d'en recueillir le bénéfice. Telle est la théorie romaine qui a toujours (2) été généralement adoptée.

52. Quoi qu'il en soit, nous pouvons signaler un autre cas d'indignité emprunté au droit romain. Il s'agit de l'héritier qui empêche son auteur de faire un testament. Lebrun (n° 13), en adoptant la règle formulée dans la loi Unique, au Digeste, *si quis aliquem testari...* en étend l'application même à la réserve coutumière qui, d'après lui, doit être enlevée à l'indigne, « car le » défunt lui ayant voulu ôter les biens libres, l'héritier » ne porterait aucune peine de son attentat si on ne le » privait des réserves coutumières. » Ses cohéritiers recueilleront la totalité de la succession, à l'exception cependant des biens que le défunt aurait légués dans le testament qu'il a été empêché de faire, cette part étant calculée d'après ses affections connues. C'est là encore un des cas dans lesquels les juges étaient investis d'un pouvoir souverain d'appréciation.

53. L'héritier déclaré indigne pouvait perdre tous ses droits à la réserve. C'est ce que nous venons de voir tout à l'heure. Est-ce là une exception ou une règle générale ? Quels étaient en cette matière les principes admis dans l'ancien droit ?

(1) Furgole, *Traité des Testaments*, chap. VI, sect. 3, n° 7.
(2) Lebrun, *Traité des successions*, liv. III, chap. I, n° 9.

D'après Furgole, qui est entré dans de grands déve-
loppements sur notre sujet, la question ne saurait être
résolue que par une distinction. « Ou l'indignité, dit-il,
» procède d'une des causes d'ingratitude pour lesquelles
» le légitimaire peut être exhérédé au nombre de celles
» qui sont exprimées dans la Novelle 115, ou elle pro-
» cède d'une autre source. Au premier cas, le légiti-
» maire peut être privé de l'hérédité et de la légitime ;
» mais au second cas, il peut retenir la légitime, il
» transmet même à ses héritiers le droit de la retenir et
» de la détraire sur l'hérédité qui leur est ôtée (1). »

Il applique la même solution aux cas où les ordon-
nances ont déclaré que le légitimaire pouvait être privé
de la légitime. Nous croyons qu'il en est de même des
réserves coutumières. Toutes les fois donc que l'héritier
se sera rendu coupable d'une faute pour laquelle il pourrait être privé de sa réserve par l'exhérédation, l'indignité prononcée contre lui aura pour effet de le priver de
la succession tout entière.

53. On appliquait aussi (2) les dispositions du droit
romain en matière de dol, de violence ou de manœuvres
quelconques dirigés contre le testateur, soit pour le
forcer à faire un testament, soit pour lui imposer la révocation de celui qu'il voudrait maintenir.

L'indignité est prononcée contre celui qui a supprimé
le testament de son père et s'est mis en possession de
ses biens.

54. L'ordonnance de 1639, article 2, déclare indignes

(1) Furgole, *des Testaments*, chap. VI, sect. 5, n° 554.
(2) Domat, *loco citato*, § 10.

de recueillir la succession de leur père les enfants mineurs qui se sont mariés sans son consentement.

Cette peine frappe même les petits-enfants. Lebrun (no 15) pense que les rigueurs d'une loi édictée pour venir au secours de l'autorité paternelle peuvent fléchir devant le pardon librement accordé par le père offensé. C'est une de ces hypothèses dans lesquelles les juges devront user de leur pouvoir discrétionnaire. Ils le pourront aussi dans le cas où un père a déshérité ses enfants pour une cause légale mais dans un testament nul pour vice de formes. Ils devront examiner si les motifs qui ont porté le père à prononcer l'exhérédation sont assez graves pour entraîner l'indignité.

La veuve qui contractait un second mariage perdait une partie de ses droits dans la succession de ses enfants du premier lit (1).

Si le fils laisse des frères germains, elle n'aura sur les biens qu'elle recueille qu'un droit d'usufruit. La même règle serait, d'après Lebrun, applicable au père qui se remarierait. Cependant, ajoute ce jurisconsulte, les peines des secondes noces qui ne sont pas reproduites dans l'ordonnance de 1560 ne sont pas admises en pays de coutume. L'indignité est de ce nombre : elle ne sera donc encourue que dans les pays de droit écrit.

55. Dans les mêmes pays, et notamment dans le ressort du Parlement de Toulouse, la femme qui commet une faute pendant l'année de deuil est indigne de recueillir dans la succession de ses enfants les biens provenant de son mari. Elle peut même être privée de son

---

(1) Loi 5 au Code *de secundis nuptiis*, 5, 9.

douaire, de son deuil et des autres avantages que luï avait faits son mari (Denisart, v⁰ *deuil*, § 6). On allait même jusqu'à étendre cette règle rigoureuse au cas où la veuve ayant mené une mauvaise conduite, même après l'année de deuil, avait épousé le complice de sa faute (1).

56. Ces règles ne sont pas admises dans les pays de coutume non plus que celles qui imposent, sous peine d'indignité, à la femme l'obligation de faire nommer un tuteur à ses enfants.

Ne sont pas indignes non plus ceux qui n'ont pas fait nommer un curateur à leurs parents frappés d'aliénation mentale (2). Cependant, il y a dans ces faits une négligence coupable de la part de l'héritier suffisante quelquefois pour permettre aux juges d'appliquer la peine de l'indignité.

57. Dans certains cas, on déclarait indigne l'héritier présomptif qui n'avait pas fait ses efforts pour racheter son parent captif (3). Il fallait, cependant, que l'héritier eût manifestement fait preuve de mauvaise volonté. « La » prudence de l'arbitre saura discerner en la personne » des héritiers le défaut d'affection, d'avec l'impuissance ; » la dureté d'un mauvais naturel d'avec la fâcheuse » nécessité des affaires (4). »

Le pardon du captif effaçait, dans tous les cas, l'indignité. S'il avait, au contraire, prononcé l'exhérédation,

---

(1) Arrêt du Parlement de Toulouse de septembre 1604 ; arrêts de Cambalos, L. 3, chap. XLV.

(2) Novelle 115, chap. III, § 2 ; Lebrun, *loco citato,* n⁰ 20.

(3) Authentique *si captivi*; loi 49, Code *de episcopis et clericis,* 1, 3.

(4) Lebrun, n⁰ 21.

les juges devaient examiner s'il avait de justes motifs pour agir de la sorte.

58. Outre ces causes, nous citerons en passant certains cas dans lesquels la jurisprudence avait appliqué aux institutions coutumières les règles du droit romain. Ainsi, étaient indignes : celui qui avait intenté contre le défunt une accusation grave ou avait prêté à l'accusateur l'appui de son témoignage ; celui qui avait contesté l'état du testateur ou du *de cujus*, qui avait proféré contre lui des injures. L'indignité, on le voit, était admise tant en matière de succession testamentaire qu'en matière d'hérédité *ab intestat* (1).

59. Presque tous les auteurs prononçaient l'exclusion de celui qui disposait, à l'insu du propriétaire, de la succession d'un homme dont il était l'héritier (2). L'influence du droit romain n'était-elle pas acceptée avec trop de docilité en cette matière? N'était-ce pas une exagération que de voir avec Lebrun une sorte de vol dans ces conventions? Pothier (*loco citato*) protestait contre cette rigueur inutile. Après avoir dit que le droit romain voyait dans ces sortes de pactes une cause d'indignité, il ajoutait : « J'aurais de la peine à croire que » c'en fût une parmi nous ; il suffit que la convention » soit nulle comme contraire aux bonnes mœurs. »

60. Domat (3) admet l'indignité du légataire quand il est survenu entre lui et le testateur une inimitié capitale. Il n'hésite pas à étendre cette règle à l'héritier testamentaire. C'est par à *fortiori* qu'il en doit être ainsi,

(1) Domat, *ibidem*, § 1 et 7.
(2) Domat, § 9 ; Lebrun, n° 23.
(3) § 6.

pense-t-il, « puisque le bienfait est plus grand et l'ingra-
» titude plus grande aussi, et que celui qui est indigne
» d'une moindre grâce est, à plus forte raison, indigne
» d'une faveur plus considérable. » Peu importe,
d'ailleurs, que la cause de la haine réciproque provienne
de l'héritier ou du testateur. Elle suffit, quelle que soit son
origine, pour légitimer un changement de volonté et
pour entraîner, même dans le silence du testateur, la
peine de l'indignité.

61. La règle ne serait plus applicable, au sentiment
du jurisconsulte que nous venons de citer, dans le cas
d'une succession *ab intestat*. La vocation de l'héritier
légitime semble dériver, en effet, de la loi seule plutôt
que de l'initiative privée ; il est donc juste qu'elle tombe
plus difficilement que celle de l'héritier testamentaire et
seulement lorsque des fautes très graves ont été commises.
Domat pense cependant « que l'inimitié devrait au moins
» exclure l'héritier légitime dans les provinces qui se
» régissent par les coutumes où il n'est pas permis de
» priver les héritiers du sang des biens qu'elles leur af-
» fectent. Puisque si l'inimitié devait avoir cet effet, il
» pourrait arriver qu'un testateur qui aurait quelque
» querelle avec son héritier légitime, la tournerait en
» inimitié qu'il pourrait aigrir pour avoir un prétexte
» de disposer à son préjudice et frauder la loi. »

62. Est pareillement indigne celui qui s'est chargé
au moyen d'un fidéicommis tacite de remettre à un tiers
un bien qu'il est incapable de recevoir.

63. Merlin (1) rapporte quelques autres cas d'indi-

(1) Répertoire, v° *indignité*, § 3.

gnité. Les concubins ne pouvaient rien recevoir l'un de l'autre. De nombreux arrêts des Parlements étendaient cette règle même aux donations qu'ils se faisaient par contrat de mariage au moment où ils voulaient, en s'épousant, faire cesser le scandale de leur vie (1). Cette solution n'était, cependant, il faut le reconnaître, généralement admise ni dans la Doctrine ni dans la Jurisprudence.

64. Avant de terminer cette rapide énumération des principaux cas d'indignité admis dans l'ancien droit, il convient de faire une dernière observation générale. Dans aucun cas les juges ne sont obligés de prononcer l'exclusion de l'héritier. Ils ont toujours le droit d'apprécier les circonstances dans lesquelles la faute qu'il s'agit de punir s'est produite.

64. Si la cause qui peut faire admettre l'indignité subsiste au moment de l'ouverture de la succession sans que l'héritier puisse s'en justifier, il sera irrévocablement exclu. « Si la cause qui aurait pu rendre l'héritier
» indigne avait cessé, comme si c'était une inimitié
» capitale, ou une autre cause qu'une réconciliation avec
» le défunt, ou une justification de cet héritier aurait
» anéantie, l'obstacle cessant, il pourrait succéder (2). »

§ 2.

65. « L'indignité n'a pas lieu de plein droit : elle

---

(1) Arrêts du Parlement de Paris, du 16 mars 1665 ; 27 février 1751, 13 février 1750 ; *contrà*, arrêts de 1606, 20 mai 1740, 50 mai 1769 ; Merlin, répert., *ibidem*.
(2) Domat, *loco citato*, §§ 14 et 15.

» doit être prononcée (1). » C'est là un principe fondamental. Jusqu'au moment où la sentence aura été
rendue contre lui, le coupable sera investi de la plénitude des droits héréditaires. La saisine subsiste jusqu'au
jugement qui, en proclamant l'exclusion de l'héritier,
en prononce la rescision.

66. L'indignité remonte au jour du crime, dit cependant de Ferrière (2). Il en donne la raison suivante :
La faute de l'héritier doit faire fléchir la règle : La mort
saisit le vif, car autrement le meurtrier pourrait retirer
un bénéfice de son crime.

67. Nous ne saurions admettre cette explication. On
comprend que Ferrière l'adoptât, car pour lui l'indignité
n'était, nous l'avons vu, qu'une cause d'incapacité. Mais,
d'après la majorité des auteurs, elle ne fait pas obstacle
à la saisine ; elle permet seulement d'en faire prononcer
la rescision. C'est en ce sens que l'on peut invoquer la
maxime que l'héritier coupable ne doit pas s'enrichir
des suites de son crime.

C'est en vertu de ce principe qu'il est obligé
de rendre les fruits qu'il a perçus et les intérêts des
sommes héréditaires payées pendant sa jouissance. Il
est assimilé à un possesseur de mauvaise foi depuis le
moment où il a été mis en possession des biens et même
pour le temps qui a précédé la demande en déclaration
d'indignité (3).

68. L'indigne a été pendant quelque temps investi

(1) Pothier, *loco citato*.
(2) *Loco citato*, n° 101.
(3) Domat, *loco citato*, § 12.

de la saisine héréditaire. Ce qui entraîne forcément cette conséquence, que la confusion s'est opérée entre les droits et actions que le défunt avait contre lui et ceux qu'il pouvait à son tour exercer contre le *de cujus*. Nous avons vu que le Droit romain maintenait cette confusion même pour le temps qui suivait la déclaration d'indignité. C'était là une solution par trop rigoureuse. Que l'indigne ne retire de la succession aucun bénéfice, rien de plus juste; le priver de ses biens personnels, c'est outrepasser les bornes d'une équitable répression. Les auteurs modernes l'avaient compris, aussi n'hésitaient-ils pas à corriger la rigueur du Droit romain. « La vaine » subtilité d'une confusion momentanée doit-elle auto- » riser cette injustice contre la règle du droit qui dit que » ce qui ne dure pas n'est pas censé arrivé et qui ne » compte pas pour fait ce qui ne subsiste qu'un mo- » ment (1)? »

69. Cette innovation, qui cependant a bien son importance, ne fut pas la seule. Tout en admettant la nécessité de punir l'héritier coupable, on ne voulut pas méconnaître les droits des parents sur les biens des membres de la famille. La théorie des successions étant fondée sur les sentiments présumés du défunt, ceux qui se détournaient de l'indigne devaient, pensait-on, se reporter sur les parents qui, occupant le second degré dans la famille, étaient censés avoir la seconde place dans ses affections. Au lieu donc d'attribuer au fisc les biens enlevés aux indignes, on les donna à leurs cohéritiers ou aux héritiers des degrés subséquents. « La peine

(1) Lebrun, *loco citato*, n° 25.

» de l'héritier indigne ne doit tomber que sur lui et non
» sur celui à qui l'hérédité doit ·appartenir par son
» exclusion (1). » C'est là un progrès immense fait
dans les idées de morale et de justice, une révolution
complète en notre matière dont le principe posé par
quelques dispositions de la loi romaine a été généralisé
par nos grands jurisconsultes.

70. Il nous reste à examiner, pour épuiser notre sujet,
l'importante question de savoir par qui et contre qui
peut être intentée l'action en indignité. L'exclusion de
l'héritier pouvait être prononcée sur les réquisitions du
ministère public ou bien sur la demande des parties
intéressées. Voici, d'ailleurs, comment s'exprime sur ce
sujet Furgole, que nous avons déjà souvent cité (2) :
« Quoique, selon l'esprit du droit romain qui déférait
» au fisc, en certains cas, ce qui était ôté à l'indigne, il
» n'y eût que les gens du roi qui pussent opposer l'in-
» dignité comme seuls intéressés, ainsi que le remar-
» que Pérégrinus, livre III, titre I, n° 1. Néanmoins, on
» permet, en France, à ceux qui ont droit de demander
» ce qui est ôté à l'indigne d'opposer et de faire valoir
» l'indignité ; parce que la raison qui, suivant le Droit
» romain, excluait les particuliers de l'action, cesse en
» France. »

71. La demande doit être évidemment dirigée contre
l'héritier coupable nanti des biens héréditaires. Peut-elle
être utilement intentée après sa mort ? « La loi 9, D. *de*

___

(1) Domat, *loco citato*, préambule ; Lebrun, *loco citato*, n° 25 ;
Dumoulin, *coutume de Paris*, glose 5, § 8.
(2) Furgole, *loco citato*, n° 5.

7

» *jure fisci*, dit Furgole, et la loi 22, D. *de senatus-*
» *consulto Silaniano*, décident que la poursuite de l'indi-
» gnité peut être faite et même commencée après la mort
» de l'indigne, parce qu'il ne s'agit pas de la punition per-
» sonnelle du défunt, ce que la loi ne permet pas, puis-
» qu'elle déclare le crime éteint ; mais d'ôter à ses héritiers
» un bien dont leur auteur s'était rendu indigne ; et que,
» suivant la loi 12, D. *de lege Cornelia de falsis*, *quod*
» *scelere quæsitum est, heredi non relinquitur* ; d'où les
» interprètes ont tiré cette règle : *Turpia lucra ab here-*
» *dibus sunt extorquenda* (1). »

(1) Furgole, *loco citato*, n° 551.

CODE NAPOLÉON.

PRÉAMBULE.

72. Des deux causes qui, d'après le droit Romain et notre ancienne jurisprudence, pouvaient faire exclure un héritier de la succession, l'exhérédation et l'indignité; le Code Napoléon n'a admis et réglementé que la seconde.

Désormais, l'héritier capable ne pourra jamais, au moins dans la ligne directe, être totalement dépouillé par la volonté de son auteur de la succession qui lui revient. Le droit d'exhérédation sera remplacé par la liberté de disposer de la quotité disponible, faculté suffisante pour assurer, dans la limite des droits de la famille, l'exercice de l'autorité paternelle. A la place de la volonté humaine toujours variable et sujette à l'erreur, la loi apparaît établissant de son autorité souveraine des présomptions immuables. La réaction contre les errements de l'ancienne jurisprudence a paru si nécessaire à nos législateurs que, non contents de cette première réforme, ils ont cru devoir restreindre dans d'étroites limites les cas

dans lesquels l'indignité pourrait être prononcée. Avant
d'en faire l'énumération et d'en aborder l'étude, il nous
paraît indispensable de préciser avec soin le sujet dont
nous allons nous occuper.

73. Deux catégories de personnes sont privées des
bénéfices d'une succession : ce sont les indignes et les
incapables. Ceux-ci n'ont pas le droit d'appréhender la
succession, ceux-là en sont exclus. L'indigne est héritier,
et héritier saisi : ce n'est que postérieurement à l'acquisition de l'hérédité que, à raison de certains faits, il en
est privé. L'incapable ne peut acquérir les biens héréditaires, tandis que l'indigne ne peut les conserver. L'indignité est donc la rescision de la saisine, l'exclusion
d'une succession acquise. De là, cette conséquence que
l'héritier capable seul peut être frappé d'indignité.

L'incapacité découle de faits indépendants de la volonté de l'héritier et relatifs à la date de sa naissance ou
de sa mort combinée avec celle de l'ouverture de la
succession. L'indignité, au contraire, est une sorte de
peine dont est frappé l'héritier à raison d'une faute qu'il a
commise contre le *de cujus*. D'où la conséquence que l'héritier coupable qui est demeuré nanti de la succession et
contre lequel l'indignité a été plus tard prononcée est
assimilé à un possesseur de mauvaise foi et traité comme
tel. — L'incapable, au contraire, pourra exciper de son
ignorance et de sa bonne foi, et méritera dès-lors tous
les bénéfices de cette situation favorable. Saisi légalement de la succession, l'indigne pourra, pendant le temps
qui a précédé son exclusion, exercer valablement les droits
et actions du *de cujus*; être aussi poursuivi pour l'exécution de ses obligations. Il sera en un mot, dans ses rap-

ports avec les tiers, considéré comme héritier. L'incapable, au contraire, n'est pas saisi; il ne peut engager la
succession, ni engager autrui envers elle. Tous les actes
qu'il fait comme héritier sont nuls et de nul effet. La loi
lui refuse toute aptitude à l'exercice des droits héréditaires.

L'incapacité peut être opposée par toute personne qui
a intérêt à le faire; par exemple, par un débiteur de la
succession, par un détenteur des biens héréditaires.

L'action en déclaration d'indignité, au contraire, ne
peut être intentée que par le cohéritier de l'indigne ou
par l'héritier du degré subséquent. Eux seuls, en effet,
ont intérêt à faire rescinder la saisine.

74. Telles sont, entre l'incapacité et l'indignité, les
différences qu'il était important de signaler au début de
ce travail.

Dans l'ancien Droit, nous l'avons vu, les causes d'indignité étaient très-nombreuses et complètement laissées
dans certains cas à l'arbitraire des tribunaux. Le législateur moderne, frappé des inconvénients d'un pareil système, a voulu restreindre cette action du magistrat dans
les rapports de famille et assurer la dévolution des biens
d'après les règles qu'il établissait; dans ce but il a déterminé avec soin les cas d'indignité. Les causes d'exclusion, une simple lecture suffit pour s'en convaincre, se
rapportent toutes aux circonstances qui accompagnent
ou déterminent l'ouverture de la succession.

« L'idée dominante du nouveau législateur a été évidemment, dit M. Demolombe, de mettre en quelque sorte
l'héritier en présence de la succession du *de cujus*, et de

déduire uniquement des faits mêmes relatifs à l'ouverture de cette succession, les seules causes qui pourront l'en faire écarter. »

75. Ainsi, d'après ce système, le juge ne pourra prononcer l'indignité que pour des faits spécialement déterminés, et ces faits se rattachent tous à un même ordre d'idées. L'unité est substituée à la variété; la volonté de la loi, à l'arbitraire du juge.

CHAPITRE PREMIER.

DES CAUSES D'INDIGNITÉ.

76. L'art. 727 est ainsi conçu : « Sont indignes de succéder, et, comme tels, exclus des successions, 1º celui qui serait condamné pour avoir donné ou tenté de donner la mort au défunt ; 2º celui qui a porté contre le défunt une accusation capitale jugée calomnieuse ; 3º l'héritier majeur qui, instruit du meurtre du défunt, ne l'aura pas dénoncé à la justice. »

§ 1.

77. Est indigne celui qui est condamné pour avoir donné ou tenté de donner la mort au défunt.

Les notions les plus simples de la morale exigeaient que le législateur rendît impossible le scandaleux spectacle du meurtrier succédant à sa victime. Rien donc n'est plus juste que cette disposition de la loi. La peine cependant est assez grave pour qu'elle doive être appliquée seulement, dans le cas où la faute est certaine et légalement constatée. De là, la nécessité de la condamnation de l'héritier comme meurtrier du *de cujus*. C'est une condition nécessaire. Que le coupable meure pendant les poursuites, au moment même où l'arrêt de la Cour d'assises va être rendu, la condamnation n'est plus possible, l'indignité ne pourra pas être prononcée. C'est la conséquence forcée des termes absolus de la loi ; peu importe d'ailleurs que le coupable soit condamné comme auteur principal ou comme complice ; il faut, et il suffit qu'il ait été condamné *pour avoir donné ou tenté de donner*, etc.

78. La condamnation dans certains cas cependant n'est pas suffisante, il faut qu'elle soit devenue définitive. Ainsi le coupable condamné par contumace ne sera pas frappé d'indignité tant qu'il sera dans les délais légaux pour se représenter. Ce n'est qu'au bout de vingt ans et lorsque sa condamnation aura acquis force de chose jugée, qu'il pourra être frappé de la peine édictée par l'article 727.

79. Peu importe la volonté manifestée par le *de cujus;* l'héritier recueillera la succession, s'il ne peut lui être appliqué aucun des cas de l'article 727. D'un autre côté et par une juste réciprocité, il en sera exclu quand même il pourrait justifier du pardon de la victime.

Le pardon, en effet, acte émané de la conscience

seule, peut bien effacer les fautes du coupable dans ses rapports avec celui qui l'accorde ; mais il ne saurait être considéré comme une réparation suffisante de l'outrage commis envers la société.

Publique a été la faute, publique en doit être aussi la punition.

D'ailleurs, si le pardon a une influence quelconque sur la dévolution des biens, l'indignité ne sera plus qu'une exhérédation émanant de l'initiative individuelle à la place d'une déchéance édictée par la loi. Il constitue de plus un accord intervenu entre le successible et son auteur sur une succession non encore ouverte. Or, tout pacte sur une succession future est formellement interdit par la loi. (art. 1130.)

80. Si nous voulons examiner les conséquences du système que nous combattons, voici les résultats que nous découvrons. Il ne peut être question de pardon dans le cas où l'héritier n'a pas dénoncé le meurtre du défunt ; il s'est rendu coupable d'une négligence impardonnable, il est vrai, faute, à coup sûr, beaucoup moins grave cependant que celle de l'héritier qui a attenté à la vie ou à l'honneur de son parent. Il ne pourrait pas être relevé de son indignité, tandis que, dans les autres cas, un mot d'un homme mourant suffirait pour faire tomber les justes rigueurs de la loi. Malgré les motifs que nous venons d'exposer, certains auteurs admettent l'efficacité du pardon. Ils argumentent de l'article 957 du Code Napoléon, où il est dit que le donataire ingrat pourra échapper à toute poursuite, si le donateur n'intente pas son action dans l'année du délit. Le donataire peut donc être pardonné par celui qu'il a offensé,

81. Il est en général téméraire, répondrons-nous, de transporter d'une matière à une autre les règles formulées par le Code. Ce mode d'argumentation est d'autant plus vicieux en l'espèce que, dans le cas d'indignité, il s'agit de rapports établis par la loi entre des personnes qu'elle appelle à la succession les uns des autres, tandis que dans le cas d'ingratitude il s'agit de rapports contractuels. Les premiers sont réglés par le législateur ; les seconds dérivent, au contraire, de la volonté individuelle.

Comment, dès-lors, établir une assimilation quelconque entre des matières si différentes?

Cependant, il faut le dire, ces considérations, si puissantes qu'elles soient, n'ont pas paru suffisantes à certains législateurs étrangers ; c'est ainsi que le Code des Deux-Siciles admet l'efficacité du pardon, lorsqu'il est constaté par acte authentique, et que celui d'Autriche relève de l'indignité, s'il résulte des faits (1) que le défunt a pardonnés. (Art. 1540).

82. Le seul moyen qui resterait à la victime de l'attentat pour faire échapper le meurtrier aux rigueurs de la loi, serait de lui donner ou léguer ses biens ; il pourrait légalement les recevoir et les conserver, car il n'est pas frappé d'incapacité. On se trouverait en-dehors des règles des successions *ab intestat* pour lesquelles seulement, il ne faut pas l'oublier, a été édictée l'indignité.

L'héritier coupable, qui reçoit ainsi, en vertu d'un legs, les biens dont il aurait été exclu, ne peut en être dépouillé que pour cause d'ingratitude. La règle de

(1) Demol. *Successions,* t. I, 226.

l'art. 957 pourra être appliquée, par analogie, au cas prévu par l'art. 1046, et la confection du testament, postérieurement à la condamnation, prouvera que le défunt a pardonné (1).

83. La grâce accordée au coupable ne saurait le relever de l'indignité. Elle remet la peine, mais elle laisse subsister la condamnation.

Il n'en est pas de même de l'amnistie qui, non-seulement efface les conséquences de la sentence, mais a pour effet de détruire la condamnation elle-même, « en démentant la prescription de vérité *juris* et *de jure* qui s'y attachait. » (Bertauld, 456).

84. L'indignité est encourue à raison d'une condamnation prononcée pour avoir donné ou tenté de donner la mort au défunt. Il faut donc que l'héritier ait eu l'intention de donner la mort. L'équité exige qu'une peine aussi grave ne soit prononcée que contre une personne ayant sciemment et volontairement commis une faute. L'indignité ne sera donc point encourue, si l'héritier a agi sous l'influence de la surexcitation provoquée par l'aliénation mentale. (Art. 64, C. P.).

Il en sera de même dans le cas d'homicide par imprudence, car il n'y aura pas eu intention de tuer, et le coupable ne sera pas condamné pour avoir...., etc..... (Art. 319, C. P.). Même solution dans le cas de blessures ayant occasionné la mort.

85. Que faut-il décider dans le cas où le meurtrier, à raison des circonstances qui ont accompagné la perpé-

(1) Demol., *ibid.*, 227.

tration de son crime, se trouve dans un des cas d'excuse, prévus par les art. 321-326, C. P.

M. Marcadé, article 727, n° 63, enseigne que l'indignité ne saurait être encourue : l'excuse en effet, d'après cet auteur, a pour conséquence de faire baisser la peine au point de la rendre presque insignifiante. La peine de mort, par exemple, est remplacée par un an. de prison. L'indignité est une peine accessoire, mais une peine du meurtre. Pourquoi la laisser subsister, lorsque les autres ne sont pas encourues? Est-il dans l'esprit de la loi de l'attacher à une simple peine correctionnelle? Marcadé ne le pense pas : L'excuse, dit-il, ne laisse pas subsister la qualification première de l'infraction : elle substitue une peine correctionnelle à une peine criminelle; ce qui, d'après la terminologie même du Code pénal, modifie la nature de l'infraction, et la fait dégénérer en simple délit. Serait-il d'ailleurs équitable de punir de la même peine qu'un meurtrier ordinaire, celui qui, loin d'avoir eu l'intention de donner la mort, n'a fait que repousser une injuste agression? (1)

86. D'autres au contraire, et nous nous rangeons à leur opinion (MM. Demolombe, Aubry et Rau, Demante), soutiennent que l'excusabilité du meurtre n'empêche pas l'indignité d'être encourue par le meurtrier. L'art. 727 la prononce, en effet, toutes les fois qu'il y a eu condamnation pour avoir donné la mort au *de cujus*. Or, le meurtre est, par définition, l'action de donner volontairement la mort. Cette qualification subsiste même dans

(1) Duranton, t. VI, n° 95; Ducaurroy, Bonnier et Roust., t. II, n° 424.

le cas d'excuse légale. Ce n'est pas, dans le système de la terminologie pénale, la peine appliquée qui entraîne la qualification du fait, c'est la peine édictée par la loi. C'est là le système que soutient M. Bertauld.

« Ce n'est pas, dit-il, parce que la loi punit les » infractions d'une certaine classe de peines afflictives » et infamantes, ou infamantes seulement, que les » infractions sont des crimes ; c'est, au contraire, parce » qu'à raison de leur criminalité objective à laquelle » correspond presque toujours une criminalité subjec- » tive aussi grave, ces infractions sont des infractions » très dangereuses, que la loi frappe en général leurs » auteurs de peines afflictives et infamantes, ou infa- » mantes seulement. » Cela est si vrai que le § 2, Sect. III, Chap. II, Tit. II, Liv. III du Code pénal, a pour rubrique ces mots caractéristiques : *crimes et délits excusables.* C'est donc dans l'intention du législateur que l'excuse ne change pas la qualification du fait, que l'agent condamné pour un meurtre excusable n'en est pas moins condamné pour meurtre et, par conséquent, pour avoir donné la mort au *de cujus.* Donc l'indignité sera encourue. La morale, d'ailleurs, aussi bien que l'esprit de la loi exigent cette solution. Il est contraire à l'honnêteté publique que le meurtrier succède à sa vic- time. Nous ne parlons pas des inconvénients, très graves pourtant, que pourrait entraîner l'admission du système que nous combattons. Permettre à celui qui a une agres- sion à repousser l'espoir de recueillir l'héritage de l'agres- seur n'est-ce pas, pour ainsi dire, provoquer l'agent à exagérer la vengeance jusqu'au meurtre de celui qui l'attaque ? Il est dangereux de montrer aux passions humaines une récompense pour un meurtre à commettre. (1)

87. M. Delvincourt est du même avis, seulement en adoptant un tempérament. Il permet, en effet, aux juges de prononcer ou non l'indignité suivant les circonstances. Ce pouvoir d'appréciation est un souvenir des errements de l'ancienne jurisprudence ; mais il ne nous paraît pas compatible avec les impérieuses exigences de la législation nouvelle.

88. Depuis l'arrêt célèbre du 22 juin 1837, le duelliste est traduit devant les juridictions de répression, et la cour d'assises est compétente pour le juger. Dès-lors, il y a lieu de se demander si l'indignité peut être encourue après la condamnation. Poser cette question, c'est assez dire qu'elle ne peut être résolue qu'en fait et d'après les termes du verdict du jury. Il y aura lieu ou non à prononcer l'indignité, suivant que l'accusé aura ou non été condamné pour avoir donné la mort, etc...

C'est là, comme nous venons de le dire, une simple question de fait qui ne peut soulever de sérieuses difficultés (2).

§ 2.

89. « Est indigne celui qui a porté contre le défunt une » accusation capitale jugée calomnieuse. » (art. 727 § 2).

---

(1) Merlin, Repert. v° *indignité* ; Demante, t. III, n° 55 *bis* ; Aubry et Rau sur Zachariæ, t. IV, p. 169.

(2) Demol., *ibid.*, 254 ; Marcadé. art. 727, n° 64.

Il est superflu de faire remarquer, en s'y arrêtant trop
longtemps, que les expressions de l'article sont inexac-
tes. L'accusation dans la société moderne n'appartient
plus aux particuliers. Ils ne peuvent que s'adresser au
ministère public pour qu'il poursuive ; ils obtiendront le
résultat par voie de dénonciation ou de plainte : par la
dénonciation, ils feront connaître aux magistrats les faits
criminels dont ils n'ont pas eu personnellement à souf-
frir ; par la plainte au contraire, ils demanderont qu'il
soit fait justice d'un attentat dont ils ont été victimes.
Tels sont les deux moyens vaguement indiqués dans le
Code par le mot accusation. Ces termes sont si généraux
qu'ils peuvent même être étendus au-delà de cette signification ; ils s'appliquent aussi au témoignage produit en
justice dans une accusation capitale dirigée contre le
défunt. Du faux témoignage comme de la plainte peut
résulter, en effet, la perte de la personne calomniée.
L'injure est aussi grave dans les deux cas, aussi graves
en sont les conséquences (1).

Il n'en serait pas de même d'une imputation verbale
ou même contenue dans des écrits livrés à la publicité.
Ce serait, sans aucun doute, un fait grave et une san-
glante injure si l'on veut, mais la personne calomniée
pourrait traduire le calomniateur devant les tribunaux et
obtenir raison de l'insulte qui lui a été faite. Il n'y a pas
eu d'atteinte à sa liberté. D'ailleurs de semblables faits
ne peuvent en aucune manière être considérés comme
des accusations, et les cas d'indignité sont, nous le
savons, limitativement déterminés.

(1) Demol., *ibid.*, 237 ; Duranton, t. VI, n° 103 ; Demante,
t. III, 35 *bis*.

90. L'article ajoute que cette accusation doit être capitale; que faut-il entendre par ces mots ?

Certains auteurs, au nombre desquels est M. Delvincourt (t. 11. p. 25, n° 5.) (1), soutiennent qu'il s'applique à toute accusation de nature à amener une condamnation à une peine infamante. Dans ce cas, disent-ils, l'héritier aura porté au *de cujus* un irréparable préjudice en mettant en question son honneur, en l'exposant à la perte de ses droits de citoyen. Il aura commis un meurtre moral. D'ailleurs, ajoute-t-on, cette interprétation est conforme aux doctrines du droit Romain. La loi 103, D. *de verb. signif.* ne dit-elle pas formellement : *Appellatio capitalis mortis vel amissionnis civitatis intelligenda est.* Ce système se présente, d'après ses partisans, revêtu de la triple autorité de la tradition historique, de la logique et de l'équité.

91. Nous ne pouvons, quant à nous, lui donner notre adhésion. Nous ferons d'abord observer que les peines infamantes seulement ne sont pas toujours assez graves pour entraîner l'exclusion de la succession. La prison, en effet, qui n'a pas ce caractère est cependant beaucoup plus déshonorante, surtout lorsqu'elle est prononcée pour vol ou escroquerie, que la dégradation civique infligée à un fonctionnaire qui a excédé ses pouvoirs. Il serait donc injuste de faire produire à la seconde des conséquences plus graves qu'à la première, et c'est là cependant que conduit fatalement la théorie de M. Duranton.

Pour bien interpréter une loi, il faut se reporter à

(1) Chabot, art. 727, n° 15.

l'époque de sa rédaction et voir quelle a pu être l'intention de ceux qui l'ont édictée. Il est certain que les législateurs de l'an XI, en écrivant l'article 727, avaient dans l'esprit deux préoccupations : 1º punir les injures graves faites au défunt ; 2º réagir contre les errements de l'ancienne jurisprudence en ne s'occupant que des faits relatifs à l'ouverture de la succession du *de cujus*. Dans cet ordre d'idées ils devaient songer à une accusation entraînant une peine qui pouvait donner ouverture à la succession. C'est dans ce sens qu'ils interprétaient la loi 103 dont il s'agit. Interprétation d'autant plus naturelle que la succession s'ouvrait par le fait de la mort civile qui s'attachait à toute condamnation à la peine de mort, à celle de la déportation ou des travaux forcés à perpétuité. La loi 103 se trouve corroborée par la loi 2. D. *de publicis judicis* qui dit formellement : « *Capi-* » *talia sunt, ex quibus pœna mors, aut exilium est, hoc* » *est aquæ et ignis interdictio; per has enim pœnas eximi-* » *tur caput de civitate.* » Nous savons d'ailleurs par le § 1 Inst. liv. 1., tit. XII, que ces peines produisent les mêmes effets que la mort civile.

C'est du reste l'opinion de nos anciens auteurs et celle de Merlin (1). « Les peines qu'on inflige aux cou- » pables, dit le savant magistrat, sont appelées capi- » tales, quand elles font perdre la vie, ou qu'elles pri- » vent pour toujours de la liberté ou des droits de citoyen. » Toute accusation donc qui tendra à faire prononcer une de ces peines sera considérée comme capitale (2).

(1) Repert. vº, *peine.*
(2) Demol., 239 ; Ducaurroy, Bon. et Roust., t. II, nº 425 ; Demante, t. III, nº 35 *bis.*

92. Depuis la loi du 31 mai 1854 abolitive de la mort civile, il est vrai, les peines de la déportation et des travaux forcés à perpétuité ne sont plus capitales. Ce n'est pas une raison, selon nous, de n'appliquer l'article qu'au cas où la peine prononcée serait la peine de mort. Il s'agit en effet ici d'un texte du code : ce n'est donc pas à des lois postérieures, étrangères à toute idée d'interprétation, qu'il fant en demander l'explication ; nous devons nous conformer à la volonté des législateurs, conserver aux mots dont ils se sont servis la signification qu'ils y attachaient. Ce serait d'ailleurs aller trop loin dans la voie de l'indulgence que de permettre à un héritier de recueillir la succession d'un homme qu'il a, par tous les moyens en son pouvoir, rendu possible de la déportation ou des travaux forcés à perpétuité. Interprétons la loi dans un sens restreint, mais arrêtons-nous, du moins, aux limites assez étroites qu'elle a posées et ne recherchons pas l'explication de la volonté du législateur dans des monuments postérieurs à son œuvre (1).

93. L'accusation capitale doit aussi, pour être une cause d'indignité, avoir *été jugée* calomnieuse. La calomnie donc ne peut résulter que d'un jugement après qu'il y aura eu par les tribunaux appréciation des faits qui peuvent la constituer. Il ne suffit donc pas que l'accusé soit acquitté, pour que la calomnie soit évidente.

L'article 358 C. I. C. le dit implicitement lorsqu'il déclare que l'accusé *pourra* obtenir des dommages et intérêts contre son dénonciateur pour fait de calomnie. C'est qu'en effet, il peut très bien se faire que l'accusa-

(1) Mourlon, *Répét. écrit.*, t. II, *contrà* ; Demol., *ibid.*, 259.

tion ait été formulée de bonne foi et que la calomnie y soit étrangère ; il faut donc qu'elle soit constatée par un jugement.

94. Ce jugement peut-il être rendu au civil ?

Certains auteurs soutiennent la négative.

L'article, disent-ils, parle d'une accusation jugée calomnieuse. Evidemment le mot *jugée* ne s'applique qu'à un débat contradictoire et public comme le mot condamné. Le législateur n'a pas voulu établir un système contraire à celui qu'il adopte dans le § 1. Il demande une condamnation dans les deux cas. Aux termes de l'article 373 du C. P. la dénonciation calomnieuse est un délit. Le *de cujus* calomnié devra donc faire prononcer la peine édictée par la loi. S'il n'a pas intenté son action dans les 3 ans à partir du jour du délit, c'est qu'il y a renoncé et qu'il a voulu pardonner (1).

95. M. Demante (2) dit au contraire : « Le mot de » condamnation n'est pas dans les termes de la loi. » Ce que la loi exige, c'est un jugement qui qualifie » l'accusation , et peut-être serait-on fondé à en con- » clure que le jugement sur ce point pourrait n'in- » tervenir que dans la sentence même qui prononce » l'exclusion sur la demande des héritiers. » Malgré ces hésitations nous croyons que c'est là le système qu'il convient de suivre. Pourquoi dans l'interprétation d'une loi, faire des distinctions là où le législateur n'en a pas fait. L'article parle du jugement ; il n'indique pas la

---

(1) Demol., *ibid*., 241 ; Ducaur., Bon. et Roust., t. II, n° 426 ; Aubry et Rau , t. IV, n° 170.

(2) T. III, n° 55 *bis*.

juridiction dont il doit émaner. Nous devons donc prendre le mot *jugée* qu'il emploie dans son acception la plus générale. Il se peut faire d'ailleurs que le calomnié n'ait pas eu suffisante connaissance de son dénonciateur pour arriver à une condamnation. L'impossibilité et les difficultés qu'il a eu à réunir les éléments de sa plainte feront que l'indignité édictée par la loi ne pourra jamais être prononcée. Il nous paraît que pour admettre un système aussi rigoureux et contraire aux termes de la loi, il faudrait un texte clair, formel, décisif; or ce texte, nous ne l'avons pas.

Ce que le législateur a voulu, c'est que les héritiers n'eussent pas le pouvoir de soulever des procès scandaleux et de semer dans les familles des ferments de discorde et de haine s'ils n'ont pas une base certaine à leur action en indignité. Cette base, c'est le jugement qui constate la calomnie. Ce jugement peut être rendu au civil, car, à l'époque où l'article 727 fut rédigé, l'article 373 C. P. n'existait pas, et, d'après le code pénal de brumaire an IV, la dénonciation calomnieuse n'était pas un délit et ne pouvait donner ouverture qu'à une action en dommages et intérêts. C'est donc le jugement qui les allouait à la partie calomniée que le législateur a seul pu avoir en vue. Aux termes des articles 358 et 359 du Code d'instruction criminelle, la cour d'assises pourra les prononcer, si le dénonciateur était connu avant le jugement ou avant la fin de la session; dans le cas contraire, le tribunal civil statuera dans les délais ordinaires de la prescription. Nous admettons aussi, avec M. Demante, que la cour pourra, lorsqu'elle aura été saisie de l'action en dommages, prononcer sur la réquisition du ministère public, la peine de l'article 373; mais, nous le répétons, une pareille condamnation n'est pas nécessaire pour que l'action en indignité puisse être intentée. Si la personne calomniée n'a pas intenté des poursuites, elle pourra obtenir condamnation à des dommages et intérêts, ou faire prononcer la peine de l'article 373. Il serait surtout injuste de la soumettre, malgré l'ignorance qu'elle peut avoir de la calomnie, à la prescription si courte de 3 ans. Nous pensons d'ailleurs, que les héritiers du dénoncé peuvent intenter l'action en calomnie contre le dénonciateur de leur auteur. Ils succèdent, en effet, à tous ses droits et ils ont un grand intérêt à faire punir celui qui a porté atteinte à l'honneur et à la réputation de leur parent; mais ils ne le pourront que s'il est mort dans le délai de la prescription. Passé ce terme, leur action ne serait pas recevable, et tout serait définitivement consommé.

M. Demolombe va plus loin, et accorde au ministère public le droit de poursuivre d'office le dénonciateur. Une pareille décision nous semble conforme aux principes et nous l'adoptons pleinement. L'article 373 déclare que la dénonciation calomnieuse est un délit; rien dans la loi n'indique que ce délit soit d'une nature particulière, comme le délit de diffamation ou d'adultère. L'article 22 C. I. C. est applicable dans la matière, et le ministère public peut poursuivre directement et d'office. (Arrêt du 4 février 1842, Cour de Paris.) Dans le cas d'une condamnation ainsi obtenue, les parties peuvent intenter l'action en indignité et la faire prononcer par le tribunal civil. La loi exige la constatation de la calomnie, mais elle n'exige pas autre chose. L'action en déclaration d'indignité sera donc receivable toutes les fois que la calomnie pourra être judiciairement constatée.

96. De tout ce qui précède, il résulte que l'action en déclaration d'indignité est indépendante de l'action en calomnie; mais elles sont assez étroitement liées. C'est ainsi que la prescription de l'une entraîne la non receivabilité de l'autre. Le pardon est donc admis en cette matière, mais ce n'est qu'indirectement et par le moyen de la prescription. Intervenu directement, et après la constatation de la calomnie, il ne produirait plus d'effet. L'initiative privée, nous l'avons dit, ne peut en général prévaloir contre les prescriptions de la loi (1).

§ 3.

97. L'article 727, § 3, est ainsi conçu : « est indigne » l'héritier majeur qui, instruit du meurtre du défunt, ne » l'aura pas dénoncé à la justice. » Au premier abord, l'énonciation de cette cause pourrait faire croire à l'inexactitude du principe que nous avons posé au début de cette étude. Cependant un examen plus attentif démontre que le fait reproché à l'héritier se rattache à l'ouverture de la succession. La loi n'a pas voulu qu'il pût profiter d'une succession acquise par un crime, s'il n'a pas fait tous ses efforts pour en obtenir la réparation.

(1) Duranton, t. VI, n° 109 ; Zachariæ, Massé et Vergé, t. II, p. 2.

Cette disposition de la loi se rattache à des considérations
de moralité et de haute convenance qu'il suffit d'indiquer pour en démontrer l'incontestable autorité. Il appert
des termes mêmes de la loi que l'héritier doit seulement
dénoncer le meurtre. Il n'est pas nécessaire qu'il fasse
connaître le meutrier ; cette révélation ne sera exigée de
lui que plus tard, si, au cours des débats, il est appelé
comme témoin (1). Cette obligation de dénoncer lui est
imposée, quelle que soit l'époque à laquelle il a eu connaissance du meurtre. Ce mot doit être pris dans son
sens juridique et tel que nous l'avons précisé plus haut.
C'est assez dire qu'il doit s'entendre même du meurtre
excusable.

98. Quant à l'homicide par imprudence, la question ne
peut pas être posée puisqu'un pareil fait ne peut pas constituer un meurtre. Le texte, d'ailleurs, ne fait aucune
distinction ; ainsi celui qui a eu connaissance du dessein
des meurtriers, n'a rien fait pour en arrêter le cours et
a dénoncé après la consommation du crime, sera admis
à la succession. La précision des termes de la loi
oblige à admettre cette solution. L'ancien droit, nous
l'avons vu, la repoussait par ce motif que celui qui,
instruit du dessein coupable des meurtriers, n'a rien
fait pour en prévenir l'exécution, est indirectement
coupable de la mort de la victime. (Lebrun, liv. III,
chap. 9, n° 4.)

Peu importe, d'ailleurs, que la victime ait pardonné
à son assassin. Ce fait est en dehors des rapports de l'héritier avec le *de cujus* et ne saurait le relever d'une

(1) Duranton, t. VI, n° 111 ; Marcadé, 727, n° 70.

obligation qui lui est imposée par la loi. Le législateur, cependant, ne pouvait pas sans tomber dans l'arbitraire imposer en si délicate matière un délai de rigueur. Les juges sont investis d'un pouvoir souverain d'appréciation (1). Ils examineront les circonstances dans lesquelles la dénonciation a lieu et ne prononceront l'indignité que dans le cas où l'héritier aurait par sa conduite manifesté les sentiments coupables dont nous parlions tout à l'heure. Poser des règles absolues serait imprudent et injuste : c'est pourquoi on admet généralement que le fait d'être prévenu dans les poursuites ne suffit pas pour faire accuser l'héritier de négligence. Ici encore les juges auront à apprécier une question de fait.

99. Les conséquences du défaut de dénonciation sont assez graves pour n'être prononcées que contre une personne capable d'apprécier l'importance de ce devoir. Le mineur n'a pas le discernement suffisant ; aussi la loi n'applique-t-elle la déchéance qu'à l'héritier majeur. Cette raison légitime l'application de notre règle au fou, à l'interdit, à tous ceux en un mot qui n'ont pas conscience de leurs actes. Nous irons même jusqu'à dire, avec M. Demante (2) (35 *bis*), que l'indignité ne serait pas encourue par le silence d'un héritier placé, conformément aux dispositions de la loi de 1838, dans une maison d'aliénés.

100. Tout ce que nous venons de dire jusqu'ici est relatif aux faits contemporains de l'ouverture de la succession. Cette immunité qui couvre le mineur et les

(1) Demol , no 250.
(2) Demol., no 257.

autres incapables les protége-t-elle même à l'époque où leur incapacité cesse ? le mineur à sa majorité, l'aliéné à sa guérison, sont-ils tenus, sous peine d'indignité, de dénoncer le meurtre du défunt ?

D'après certains auteurs (1), ils sont affranchis de cette obligation. Pour apprécier, dit-on, les causes qui font admettre un héritier à la succession ou qui l'en excluent, il faut se placer à l'époque de l'ouverture de cette succession. C'est ainsi que lorsqu'il s'agit d'une question de capacité ou d'incapacité on considère uniquement le moment où le droit s'ouvre. On comprendrait le système contraire si l'indignité était une cause de déchéance ; mais elle ne peut être considérée que comme une cause d'exclusion se rapportant, suivant l'opinion de tous les auteurs, aux faits relatifs à l'ouverture de la succession. D'ailleurs l'art. 727 contient une disposition pénale qu'il faut appliquer avec de grands ménagements et à laquelle il convient de recourir le moins souvent possible : *Favores ampliandi, odia restringenda.*

101. M. Demolombe s'élève avec une grande énergie contre ce système et nous nous rangeons complètement à son opinion. L'indignité est une véritable cause de déchéance. L'indigne est appelé à la succession et la recueille par l'effet de la saisine qui se fixe irrévocablement sur sa tête. Ce n'est que plus tard, et à raison de certains faits, que la justice en prononce la rescision.

L'obligation de révéler le meurtre existe pour l'héritier dès qu'il en a connaissance. Le mineur n'est pas

(1) Massé et Vergé sur Zachariæ, t. II, p. 244 ; Ducour., Bon et Roust., t. II, n° 429.

obligé à la dénonciation ; mais il acquiert, à sa majorité, le discernement suffisant. Dès lors, sa culpabilité serait égale à celle du majeur s'il ne remplissait pas les devoirs que lui imposent la loi et la piété. D'ailleurs, si le système contraire était fondé, il faudrait aller jusqu'à dire, en généralisant la solution proposée, que l'indignité ne pourrait pas être encourue par celui qui, au moment de l'ouverture de la succession, n'avait pas connu le meurtre, eût-il acquis plus tard cette connaissance. Il suffit d'énoncer une pareille conséquence. Rien dans la loi ne prouve qu'il faille donner une pareille interpré-tation aux termes de l'art. 727. L'admettre, d'ailleurs, ce serait rendre l'application du § 3 presque impossible, ou du moins si rare que ses dispositions, si impérieuses pourtant, pourraient être considé ées comme non avenues. Nous croyons du reste qu'en cette matière les magistrats seront investis dans u e large mesure du droit d'appré-ciation et qu'ils ne devront prononcer l'indignité que si le silence de l'héritier, après sa ajorité, a été assez long pour pouvoir faire croire à la négligence et mériter par conséquent l'application de l'art. 727 (1).

102. Si le devoir de l'héritier se comprend puisqu'il a sa source dans le respect dû à la mémoire de ceux qui ne sont plus, il est cependant des cas où son accom-plissement entraînerait de graves inconvénients. Main-tenir l'obligation, ce serait frapper le successible d'une peine grave qu'il ne mériterait pas. Il serait immoral de le forcer à dénoncer le meurtre de son auteur, si le cou-

(1) Duranton, t. VI, n° 112; Aubry et Rau sur Zachariæ, t. IV, p. 171; Marcadé, art. 727, n° 70; Demante, t. III, 55 bis.

pable était son parent rapproché ; s'il ne pouvait, par
exemple, montrer son respect pour la mémoire du *de
cujus* qu'en flétrissant son père. C'est ce qu'a compris le
législateur lorsqu'il a dit, art. 728 : « Le défaut de
» dénonciation ne peut être opposé aux ascendants et
» descendants du meurtrier, ni à ses alliés au même
» degré, ni à son époux ou à son épouse, ni à ses frères
» ou sœurs, ni à ses oncles et tantes, ni à ses neveux
» et nièces. »

La rédaction de notre texte est loin d'être irréprocha-
ble. Le défaut de dénonciation ne sera pas opposé à l'héritier si le meurtrier est son ascendant, son descendant
ou allié au même degré, son conjoint, son frère ou sa
sœur, etc. Il semble donc, d'après la place qu'occupent
ces mots, *ou alliés au même degré*, que l'exception porte
seulement sur les alliés en ligne directe. Telle n'est pas
cependant la pensée de la loi.

Le projet primitif portait, à la place où nous les lisons
dans le texte, ces mots : *alliés en ligne directe ;* ils ne
pouvaient donc pas s'appliquer aux collatéraux. Le Tri-
bunat trouva cette disposition trop sévère, et voulut
étendre l'exception aux alliés du même degré que les
parents désignés dans l'article. C'est alors qu'aux mots
alliés en ligne directe, on substitua ceux-ci : *alliés au
même degré*, qui devaient être placés à la fin de l'article.
Seulement, par une erreur du copiste, ils furent maintenus à leur place primitive (1). Il suffit d'ailleurs de
relire le texte pour voir que telle est la véritable pensée
de la loi.

(1) Fenet, t. XII, p. 11.

De la rédaction actuelle il ressort que l'héritier n'est pas coupable si le meurtrier est, à quelque degré que ce soit, son ascendant ou descendant. Il était donc inutile de parler du degré des alliés en ligne directe. Peu importe, d'ailleurs, que le parent de l'héritier soit auteur principal ou complice du meurtre.

103. Que faut-il décider dans le cas où l'héritier croit son parent coupable, quoique en réalité il ne le soit pas ? — L'opinion qu'il a de la culpabilité doit l'empêcher de dénoncer. Nous ne croyons pas que dans ce cas son silence doive lui être imputé à crime et soit de nature à attirer sur sa tête les rigueurs de la loi. L'héritier est exclu de la succession lorsqu'il a une négligence coupable à se reprocher ; mais, dans l'espèce, son erreur doit le protéger. Il ne peut être forcé de dénoncer un fait qui, d'après lui, doit être pour sa famille une cause de déshonneur.

104. L'exception de l'art. 728, très-sage en principe, offre cependant de bien grandes difficultés dans l'application. Supposons que l'héritier connaisse le meurtre et le meurtrier qui est son parent ; il ne fait pas de dénonciation et est actionné par ses cohéritiers. Il se trouvera, dès lors, dans une étrange situation : ou bien il persistera dans son silence et il sera déclaré indigne ; ou bien, pour se soustraire à un châtiment qu'il ne mérite pas, il sera obligé de dénoncer son parent quand l'art. 728 a été rédigé uniquement pour le dispenser de cette dure nécessité. Ce singulier résultat est nécessaire et forcé. Toujours la loi sera éludée, quel que soit le parti que prenne l'héritier dans cette lutte dangereuse que se livrent en lui l'intérêt et le devoir. Il pourra

cependant échapper, il faut le reconnaître, à cette triste alternative parce que ses adversaires, obligés de faire la preuve du meurtre, ne pourront le plus souvent y parvenir qu'en excipant d'une décision judiciaire rendue après un débat contradictoire contre le meurtrier. Tel sera le mode le plus ordinaire ; mais il se peut faire qu'une telle preuve ne soit pas nécessaire et qu'il soit possible, sans y recourir, d'établir que le défunt a été mis à mort par un crime. L'héritier qui connaîtra seul le meurtrier retombera dans l'embarras dont nous parlions. C'est ce qui arrive aussi dans le cas où son parent était complice du meurtre pour lequel l'auteur principal seul a été condamné.

105. Supposons que l'héritier n'ait pas dénoncé son parent et qu'il se soit laissé exclure de la succession. Postérieurement au jugement qui prononce l'indignité, on vient à découvrir qu'il pouvait bénéficier de l'exception de l'art. 728. Peut-il se faire restituer les biens héréditaires ? Si le jugement a été rendu depuis peu de temps, et que le délai de l'appel ne soit pas expiré, il pourra le faire infirmer par la cour. Dans le cas contraire, tout est définitivement consommé. Le jugement a acquis force de chose jugée : il ne peut plus être attaqué que par la voie de la requête civile. Or, l'art. 180 du Code de procédure civile ne permet de recourir à ce moyen que dans des cas limitativement déterminés. Si l'on ne se trouve donc pas dans l'un des cas qu'il prévoit, il y aura impossibilité de revenir sur le jugement rendu.

La loi est donc mal rédigée et le but que se proposait

le législateur ne sera que rarement atteint. Telle est l'opinion généralement admise (1).

Les inconvénients que nous venons de signaler sont cependant si graves qu'il conviendrait de chercher un remède à un état de choses si contraire à la logique et aux intentions du législateur. Nous croyons pouvoir l'indiquer sans nous écarter de l'esprit même de la loi. Quelle est en définitive la preuve que doivent faire les héritiers qui intentent une action en indignité pour défaut de dénonciation du meurtre du défunt? Que l'héritier s'est rendu coupable d'une négligence, d'un manque de respect envers la mémoire de son auteur. Ils arriveront à ce résultat en établissant que l'héritier a connu le meurtre et qu'il ne l'a pas dénoncé. Mais nous venons de voir que cette preuve n'est pas suffisante, car il ne peut y avoir faute quand le successeur se trouve protégé par l'exception de l'art. 728. D'un autre côté l'héritier ne peut pas être forcé à établir qu'il se trouve dans des cas prévus par cet article ; car cette preuve aurait pour conséquence la violation de la loi. Les demandeurs en indignité doivent arriver, nous le répétons, à prouver la culpabilité de l'héritier; or, cette culpabilité se compose de trois éléments : 1° la connaissance du meurtre ; 2° que le meurtre n'a pas été commis par un de ses proches ; 3° son inaction. Le demandeur en indignité, pour faire accueillir son action, doit prouver non-seulement deux de ces faits, le premier et le dernier, il doit aussi prouver le

(1) Duvergier, t. II, n° 112 ; Marcadé, art. 728, n° 71 ; Demol., n° 267 ; Demante, t. III, n° 56.

second. Qu'on ne dise pas que c'est là une preuve négative qui doit être à la charge de l'héritier. Tout fait
négatif, en effet, peut se prouver d'une manière
directe par l'affirmation du fait contraire. C'est cette
affirmation que doit faire le demandeur; il doit dire à
l'héritier : Vous êtes coupable de négligence, et cela
pour deux raisons : 1° parce que vous connaissiez le
meurtre ; 2° parce que ce meurtre est le fait de telle
personne; donc, votre silence est inexplicable. S'il
établit ces deux faits, l'héritier sera nécessairement condamné.

Cette manière d'agir aura l'immense avantage d'arriver à la déclaration d'indignité, but que se propose le
demandeur, et d'y arriver sans aller contre la volonté
du législateur, sans mettre l'héritier dans la terrible alternative d'être injustement condamné ou d'être cause du
déshonneur de sa famille. On objectera peut-être que,
d'après la manière dont la loi a été rédigée, la solution
proposée est de nature à violer la règle : *Reus in exci-
piendo fit actor*. Nous répondrons que la question est
précisément de savoir si c'est par voie d'exception que
l'héritier actionné en déclaration d'indignité doit se dé-
fendre. Nous croyons que non. La loi, selon nous, doit
être lue comme si les deux dispositions étaient réunies
de la manière suivante : « L'héritier majeur qui, instruit
» du meurtre du défunt commis par un autre que ses
» ascendants ou descendants..... ne l'aura pas dénon-
» cé..... » La circonstance qu'on a employé deux articles
pour dire ce qui pouvait être exprimé dans un seul ne
peut pas avoir pour résultat de faire admettre une solution
manifestement contraire à l'équité et à la *ratio juris*.

Quoi qu'il en soit d'ailleurs de cette théorie, il résulte des explications que nous venons de donner qu'il n'est pas nécessaire dans ce cas particulier que le demandeur en indignité excipe d'un jugement rendu au criminel ; un jugement civil suffit. Les magistrats saisis de la demande feront eux-mêmes la constatation de tous les faits qui constituent la négligence et entraînent la culpabilité de l'héritier. Ils prononceront par un seul et même jugement, à la fois sur l'existence des faits et sur l'indignité qui n'en est que la conséquence légitime et nécessaire.

CHAPITRE II.

A PARTIR DE QUEL MOMENT L'INDIGNITÉ EST-ELLE ENCOURUE?

106. La question que nous nous proposons d'étudier est de la plus haute importance. De l'opinion que nous adopterons dépend, en effet, la solution de plusieurs autres points controversés de la matière.

En principe, l'indignité peut être encourue de deux manières. Elle peut être attachée aux effets d'une condamnation criminelle et en découler comme une conséquence nécessaire ; ou bien, elle doit être prononcée par un jugement rendu au civil sur la demande des parties intéressées. Si l'on adopte le premier système, les enfants de l'indigne seront toujours privés du bénéfice de la représentation ; si l'héritier meurt après le *de cujus*, ils ne pourront pas le représenter, parce qu'il est vivant. Ils ne le pourront pas non plus s'il est prédécédé, parce qu'on ne peut pas représenter une personne indigne. La part de l'indigne, dans le cas où il y aurait plusieurs cohéritiers, accroîtra de plein droit aux autres. Ce système a donc le mérite de trancher d'une façon radicale bien des questions indécises. Il convient de rechercher s'il peut être admis et s'il repose sur une saine application des principes.

107. MM. Massé et Vergé, sur Zachariæ (t. II, p. 245), n'hésitent pas à l'adopter et leur opinion a été acceptée et soutenue avec une grande énergie par la Cour de Bordeaux, dans un arrêt du 1er décembre 1853 (1). Le meilleur moyen, dit-on, de reconnaître la volonté de la loi, c'est d'en examiner avec soin les termes. L'art. 727, qui énonce les cas d'indignité, emploie une formule générale et énergique ; il dit : « *Sont indignes de suc-* » *céder, et comme tels exclus de la succession : 1º celui* » *qui, etc.......* » N'est-ce pas assez dire que l'indignité est virtuellement attachée à la condamnation et qu'elle en est la conséquence légale et nécessaire ? Elle aura donc lieu de plein droit, sans qu'il soit besoin de la faire prononcer par les tribunaux civils.

En vain l'on objecte les art. 955 et suivants à propos de donations. Il s'agit ici, en effet, d'une translation de propriété opérée en vertu de rapports contractuels établis entre les parties et qu'il faut faire résoudre par la justice. Tous les cas d'ingratitude ne reposent pas,

(1) Dalloz, P., 1854, 2e partie, p. 185.

d'ailleurs, sur un fait constaté par un jugement criminel, et dès lors il faut une appréciation des circonstances par les juges. Cela est d'autant plus nécessaire que souvent l'action civile en révocation aura précédé la poursuite criminelle. Dans le cas de meurtre du défunt, au contraire, ces lenteurs sont inutiles, et tout est irrévocablement fixé par la condamnation.

Il est vrai que dans le troisième cas il sera besoin d'un jugement civil, mais cela tient à la nature particulière des faits qu'il faut constater. Dans les deux premiers cas, au contraire, la morale publique, l'ordre social, sont trop intéressés à l'exécution de la loi pour que l'indignité puisse être mise en question lorsque la condamnation proclame la culpabilité de l'héritier. L'exclusion du coupable n'est pas, à proprement parler, une peine qui doit demeurer personnelle ; c'est plutôt une déchéance qui s'applique aux héritiers. Aucun texte ne contredit cette opinion.

D'ailleurs, les inconvénients du système opposé sont immenses : il conduit à rendre inutiles les prescriptions de la loi, impossible la déclaration d'indignité dans le cas précisément où elle sera plus nécessaire à raison de la grandeur du scandale causé. Si le meurtrier, en effet, est condamné à mort, il faudra intenter l'action avant l'exécution de la sentence. C'est assez dire que les parents intéressés, surtout s'ils sont éloignés, auront pour le faire un délai que sa brièveté rend illusoire, qui d'ailleurs varie suivant les caprices de l'administration. Si les jurés, au contraire, usent d'indulgence à raison des circonstances moins atroces du crime et si, par suite, le meurtrier n'est condamné qu'à une peine temporaire, l'héri-

9

tier demandeur pourra intenter son action durant toute
la vie du condamné ou, du moins, pendant 30 ans. De
telle sorte, dit la cour : « que plus le châtiment serait
» rigoureux, moins la déclaration d'indignité aurait
» d'énergie. » Il suffit d'énoncer de semblables résultats
pour faire toucher du doigt la faiblesse du système qui
les engendre.

108. Nous croyons pouvoir, avec la majorité des
auteurs, répondre à ces divers arguments et justifier la
nécessité d'un jugement civil, pour prononcer l'indignité.
L'article 727, il est vrai, dit d'une façon absolue : « *sont
indignes*, etc ;... » mais si ces termes étaient aussi généraux que le dit la cour de Bordeaux, ils devraient, d'après
la contexture même de la phrase, s'appliquer aux trois
causes énumérées dans l'article. Or, il est certain, de
l'aveu même de nos adversaires, que l'indignité ne saurait avoir lieu de plein droit pour le troisième cas où il
s'agit d'apprécier les circonstances dans lesquelles la
négligence de l'héritier s'est produite. Dans ce système,
il n'est pas nécessaire de se préoccuper du point de savoir
si l'indigne est mort avant ou après le *de cujus ;* l'indignité encourue de plein droit fait obstacle à l'acquisition
de l'hérédité, soit au regard de l'indigne lui-même, soit
au regard de ses héritiers. Voilà donc, répondrons-nous,
des distinctions à faire dans cette règle générale, et cependant, dans le texte, rien n'indique qu'il y ait des hypothèses prévues et régies par des règles différentes. En
outre, à la suite des mots : « *sont indignes...* » nous lisons
ceux-ci : *exclus de la succession.....* Qu'est-ce à dire,
sinon que l'indignité ne peut être prononcée que contre
ceux qui ont déjà acquis la succession, puisque le mot

exclusion suppose plutôt l'idée d'expulsion que celle d'obstacle à l'entrée. Or l'investiture des droits héréditaires pourra n'avoir pas lieu, nous venons de le démontrer, dans le système de nos adversaires.

Ils se trouvent donc en contradiction manifeste avec les termes mêmes de la loi auxquels ils prétendent uniquement se référer. Ces termes, s'appliquant à deux cas différents et qui ne peuvent être régis de la même manière, sont trop vagues : leur généralité même nuit à leur précision. Il est donc impossible d'en tirer argument.

Le législateur a voulu établir un système nouveau à propos de l'indignité; il a eu surtout pour but de faire cesser l'arbitraire qui, dans l'ancien droit, régnait sur toute cette matière. Il a donc voulu émettre une théorie complète et dont tous les détails fussent entre eux dans une parfaite harmonie. Il aurait complètement manqué son but, il faut l'avouer, s'il avait formulé, comme le veulent les adversaires, la règle et l'exception dans une seule disposition sous les termes vagues de laquelle il serait impossible de les distinguer. Il faut donc admettre que l'article 727 contient uniquement une règle générale édictant la nécessité d'un jugement civil pour prononcer l'indignité. Adopter le système contraire, c'est méconnaître la différence qui existe entre l'incapacité et l'indignité. La première a toujours lieu de plein droit : cela se conçoit, puisqu'elle fait, par sa nature même, obstacle à la saisine; la seconde, au contraire, ne peut être prononcée que contre un héritier saisi puisqu'elle a pour but de l'exclure d'une succession légalement acquise. En outre, les causes qui la font admettre ne peuvent être le résultat que de constatations nombreuses

et difficiles. Ces constatations peuvent être faites dans tous les cas et doivent nécessairement l'être lorsqu'il s'agit du défaut de dénonciation du meurtre du défunt. Même dans l'espèce prévue pàr le § 1 de l'article 727, il serait imprudent de faire découler nécessairement l'indignité de la sentence. M. Bertauld dit, en effet (questions préjudicielles) : « Le juge civil pourrait examiner si
» le meurtre, déclaré excusable, n'entraînerait pas l'in-
» dignité; lié quant à la contestation du fait il conser-
» verait toute sa liberté pour en apprécier les consé-
» quences civiles. »

« L'indignité, en outre, dit M. Marcadé, comme
» l'assassin, comme le voleur, comme tout coupable d'un
» délit quelconque, n'est légalement tel que du jour où
» un jugement lui a imprimé cette qualité. Ainsi, quand
» même l'héritier aurait été condamné comme meurtrier
» du défunt, ou comme son calomniateur dans une accu-
» sation capitale, cela ne suffirait pas; et s'il venait à
» mourir avant que le jugement d'indignité eût été pro-
» noncé au tribunal civil, cet héritier mourrait saisi de
» la succession et la transmettrait à ses propres repré-
» sentants. La loi consacre ce principe dans l'article 757
» en matière de révocation de donation pour ingratitude;
» la révocation doit être prononcée contre l'ingrat lui-
» même; elle ne peut l'être contre ses héritiers (1). »

(1) Demol., n° 276; Demante, t. III, 54 *bis* et 57; Mourlon, t. II, p. 25; Bauby, *Revue critique*, 1855, p. 482.

CHAPITRE III.

DES EFFETS DE L'INDIGNITÉ.

109. Nous connaissons les causes qui peuvent donner naissance à l'indignité, nous devons maintenant en étudier les effets. D'après ce qui a été dit au chapitre Ier, nous savons qu'ils consistent en une déchéance prononcée contre le successible qui, par sa conduite, a mérité les rigueurs de la loi. Cette déchéance toutefois ne frappe en lui que l'héritier du défunt. Elle ne s'applique, comme le fait observer M. Demolombe, qu'à sa vocation propre et personnelle. Elle fait rescinder la saisine dont il avait été investi et la fait passer, avec la succession tout entière, sur la tête du demandeur en indignité qui a triomphé dans son action. Cette rescision de la saisine, cette exclusion prononcée, entraînent de nombreuses et graves conséquences que nous allons faire connaître en étudiant, dans trois paragraphes séparés, les effets de la déclaration d'indignité : 1º à l'égard de l'indigne dans ses rapports avec ses cohéritiers ; 2º à l'égard de ses enfants ; 3º à l'égard des tiers.

§ 1.

110. A l'égard des cohéritiers ou des successibles du degré subséquent, l'indigne est censé n'avoir jamais été

héritier. Celui qui le remplace, en effet, est investi de la saisine : cette saisine remonte pour lui au jour de l'ouverture de la succession, en vertu du principe *semel hœres semper hœres*. Il est impossible de concevoir deux personnes possédant à la fois, et à l'exclusion l'une de l'autre, les mêmes droits sur la même chose. De ce que l'indigne n'a jamais été héritier, il suit qu'il doit restituer les biens héréditaires, les fruits et revenus de ces biens. Cette solution, basée sur les principes du droit, est, de plus, conforme à la morale et à l'équité. Il serait injuste que l'indigne pût retirer un bénéfice quelconque de la faute qu'il a commise. La saisine, dont il a été un instant nanti, aura cependant produit ses effets ordinaires. Ainsi, les droits et actions qu'il avait contre la succession, ou que celle-ci avait contre lui, se sont éteints par la confusion.

111. Cette confusion sera-t-elle irrévocable ou bien devra-t-elle cesser en même temps que la cause qui l'avait produite? Les jurisconsultes romains, raisonnant, comme nous l'avons vu, d'après la rigueur des principes, ne reculaient pas devant la solution affirmative de cette question. Notre droit, moins formaliste, consacre l'opinion contraire. Il n'admet comme s'opérant irrévocablement que la confusion due à une cause irrévocable (1).

La rescision de la saisine a pour effet de remettre les choses en l'état où elles auraient été si l'indigne n'eût pas été appelé à la succession.

(1) Duranton, t. VI, n° 124; Demante, t. III, n° 58 *bis*; Ducaur., Bon. et Roust., t. II, 433; Aubry et Rau sur Zachariæ, t. IV, p. 174.

112. L'héritier déclaré indigne ne doit profiter en rien d'une succession mal acquise, mais il ne doit pas non plus être en perte. Aller jusque-là, ce serait outrepasser les rigueurs de la loi. Ainsi, les détériorations par lui commises sur les biens héréditaires sont à sa charge; mais il lui sera dû une indemnité pour les améliorations dont il sera l'auteur. Il devra être en tout point considéré comme un possesseur de mauvaise foi.

L'article 729 déclare que les fruits doivent être rendus à partir de l'ouverture de la succession. La règle est générale, elle ne fait aucune exception. Cependant M. Marcadé soutient qu'elle ne doit pas être interprétée trop largement, et que la restitution n'est due qu'à partir du jour où l'indignité aura été encourue. Dans le cas du § 3, en effet, de l'article 727, l'héritier aura été de bonne foi jusqu'au moment où il aura eu connaissance du meurtre du défunt. Dès lors, il aura le droit de faire les fruits siens pendant tout le temps qui s'est écoulé depuis l'ouverture de la succession. C'est là, dit-on, une conséquence nécessaire des principes (1).

113. Quant à nous, nous ne croyons pas pouvoir admettre ce système. La règle de l'article 727 est en effet générale : les fruits doivent être *restitués* « depuis l'ouverture de la succession. » Qu'on ne dise pas que cette règle est trop sévère et qu'elle frappe l'héritier dans un cas où sa bonne foi est évidente. Cela est possible, mais à qui la faute si l'indignité est encourue ? A l'héritier, et rien qu'à lui. La loi lui offrait un moyen de se soustraire à l'obligation de restituer : il n'avait

(1) Marcadé, art. 729, n° 82.

qu'à dénoncer le meurtre du défunt. S'il ne l'a pas fait, il doit supporter les conséquences de sa négligence. Le possesseur de bonne foi, au contraire, est dans une toute autre position. Il ne pouvait pas prévoir l'éviction qu'il subit et il ne pouvait rien faire pour l'empêcher. Pourquoi donc vouloir appliquer une solution identique à des cas si différents (1)?

L'héritier n'a aucun moyen de se soustraire à l'obligation qui lui incombe. Il ne peut invoquer la prescription de cinq ans de l'art. 2277 ; les fruits, d'ailleurs, ne doivent pas être restitués au fur et à mesure de leur perception. Ils sont ici considérés comme faisant partie de la masse des biens héréditaires dont ils doivent suivre la destinée : *fructus augent hereditatem.*

114. Les difficultés deviennent plus sérieuses lorsqu'il s'agit des intérêts des capitaux payés entre les mains de l'indigne pendant qu'il était investi de l'hérédité. Il est certain qu'il doit en tenir compte à celui qui l'exclut. Mais à partir de quel moment est-il tenu de restituer?

115. M. Demolombe soutient qu'il ne peut y être contraint que du jour où il a été mis en demeure. Or, la demande seule peut produire cet effet puisque, d'après l'opinion généralement admise, l'indignité ne peut jamais être encourue de plein droit. Telle est, en matière d'exigibilité des intérêts, le principe admis par la loi; rien ne prouve qu'il y ait été apporté une exception quelconque pour l'hypothèse actuelle.

116. L'indigne, répondrons-nous, est censé n'avoir

(1) Demol., 306 ; Demante, t. III, n° 58 bis; Mourlon, t. III, p. 26.

jamais été héritier; il doit rendre tous les biens à partir du jour de l'ouverture de la succession.

Quelle différence y a-t-il donc entre les fruits (remarquons que l'art. 729 ne distingue pas entre les fruits civils et autres) des biens héréditaires et les intérêts des capitaux faisant partie de la succession? Il doit restituer les premiers depuis le moment où il en a eu la jouissance. La raison en est que l'héritier est au moins coupable d'une négligence telle qu'il ne mérite pas les immunités accordées à la possession de bonne foi. Qu'on ne dise pas qu'il n'a pas été mis en demeure. L'article 1378 suppose, en effet, que tout possesseur de mauvaise foi est mis en demeure par le fait même de la perception de la chose. L'héritier, nous venons de le dire, doit être assimilé à un semblable possesseur. Pourquoi donc faire des exceptions lorsque la loi est muette (1)?

MM. Aubry et Rau, qui ont soutenu ce système, ne reculent pas devant une conséquence qui effraie M. Demolombe. Ils déclarent que l'indigne doit rendre les intérêts des intérêts. Cette exigence peut paraître rigoureuse; mais il ne faut pas oublier que l'indignité est une peine et que celui qui en est frappé ne doit en rien bénéficier de la succession dont il est exclu. Quant aux capitaux qu'il a employés pour ses propres besoins, il en doit, ce fait n'est contesté par personne, l'intérêt à partir du jour de cet emploi. L'indigne a été pendant quelque temps investi de la qualité d'héritier; il peut donc avoir payé des dettes, aussi bien qu'il peut avoir

---

(6) Demante, t. III, n° 55 bis; Ducaur., Bon. et Roust., t. II, n° 432; Massé et Vergé, t. II, p. 246.

reçu les paiements des créances héréditaires. Les sommes qu'il a ainsi payées sont bien et dûment payées; s'il a effectué ces paiements avec ses propres deniers, il en pourra demander le remboursement. Cela est de toute justice.

117. Quant aux intérêts, M. Demolombe ne lui permet de les réclamer qu'à compter du jour où il a intenté sa demande en restitution. L'indigne, en effet, est, dans ce cas, assimilé à la personne qui paie la dette du débiteur. Il n'a pas agi en vertu d'un mandat, cela est évident. On pourrait plutôt dire qu'il a été, vis-à-vis du cohéritier qui triomphe, dans la position d'un gérant d'affaires ; mais, dans ce cas encore, il faudrait admettre la solution que nous proposons, car l'article 1372 qui soumet le gérant aux obligations du mandataire ne lui en attribue pas les droits.

118. L'indignité étant la punition d'une faute commise par l'héritier envers le *de cujus*, ne doit produire d'effets que dans les rapports de succession établis entre eux. Le coupable n'est donc privé que des biens à la possession desquels il est appelé en sa qualité d'héritier. Il n'y a à ce principe qu'une exception que nous étudierons bientôt sous l'article 730. De là il suit que l'indigne peut représenter le *de cujus* dans une succession ouverte à son profit. Le représentant ne tient pas, en effet, ses droits du représenté. Il les tient de la loi qui détermine les règles d'après lesquelles doit s'opérer la transmission des biens. D'ailleurs, il ne faut pas oublier que les dispositions concernant l'indignité sont des dispositions pénales qui doivent dès lors être toujours restrictivement interprétées.

Cela est si vrai que l'indigne peut recueillir les biens
dont il a été exclu s'ils se trouvent compris dans une
succession qui lui écheoit : *hereditas adita jam non est
hereditas sed patrimonium heredis.* C'est une conséquence
de l'article 732 qui défend de rechercher l'origine des
biens pour en régler la dévolution. Cette règle est si
absolue que nous n'hésitons pas à admettre, avec M. Demolombe, que le père indigne pourra exercer son usufruit
légal sur les biens du *de cujus*, s'ils sont recueillis par
ses enfants dans la succession de leur frère appelé primitivement avec eux à l'hérédité en vertu de l'article 730
Code Napoléon.

119. Jusqu'ici nous n'avons examiné que le cas où
la personne contre laquelle l'indignité est prononcée
recueille la succession en vertu de sa vocation propre et
directe. Faisons un pas de plus dans la question et deman-
dons-nous si celui qui arrive par représentation peut être
écarté comme indigne ? Certains auteurs soutiennent la
négative. La représentation, en effet, disent-ils, est une
fiction de la loi qui a pour effet, aux termes de l'article
739, « de faire entrer les représentants dans le degré,
dans la place et dans les droits du représenté; » de
telle sorte que ce n'est pas pour ainsi dire le représentant qui succède, mais bien la personne dont il tient la
place. De là la nécessité de s'enquérir de la capacité du
représenté et non de celle du représentant. Si donc le
premier ne se trouve dans aucun des cas d'indignité, le
second, quelle qu'ait été sa conduite, sera irrévocablement saisi de la succession.

Il y aura donc, répondrons-nous, une situation dans
laquelle la peine du meurtre ou de la calomnie sera

l'héritage même de celui dont on a tranché les jours ou flétri l'honneur. Cette conséquence suffit pour nous mettre en garde contre ce système qui d'ailleurs repose sur une fausse interprétation de la loi.

La représentation, dit-on, est une fiction qui tient de la volonté du législateur une telle énergie qu'elle fait complètement évanouir la personne du représentant devant celle du représenté. La représentation est une fiction, cela est vrai, mais elle ne produit son effet que si le représentant peut se l'appliquer en justifiant d'une vocation propre et personnelle à la succession du *de cujus*. Le droit de se prévaloir de cette fiction est, au premier chef, un droit de successibilité. C'est assez dire qu'il ne peut être exercé que par ceux qui sont aptes à succéder et qui, par conséquent, ne sont ni incapables ni indignes. Nous ne rencontrons pas ces conditions dans l'espèce ; nous devons donc déclarer que le représentant doit être exclu de la succession s'il se trouve dans un des cas prévus par l'article 727.

120. Nous avons dit que l'indignité était circonscrite quant à ses effets aux successions *ab intestat*. L'héritier déclaré indigne conservera donc les donations qui lui auront été faites par le défunt et il les conservera en totalité, sauf le cas de révocation ouvert par l'article 957 aux héritiers du donateur décédé dans l'année du délit sans avoir agi, ou ayant commencé l'action. Réputé n'avoir jamais été héritier par l'effet d'un jugement d'indignité, il ne sera pas soumis au rapport qui n'est dû, dit l'article 857, que par le cohéritier à son cohéritier. Il ne pourra être privé des biens compris dans la donation que pour cause d'ingratitude. Cependant, depuis

l'arrêt célèbre du 27 novembre 1863 qui défend le cumul de la réserve et de la quotité disponible sur la tête de l'héritier renonçant, il pourra être soumis à l'action en réduction (845), et ne pourra conserver les choses données ou léguées que jusqu'à concurrence de la portion disponible. C'est là la seule restriction qui soit apportée à la libéralité dont il recueille le bénéfice.

§ 2.

121. L'indignité prononcée contre une personne doit produire dans ses rapports avec ses enfants certaines conséquences. Elles sont énumérées dans l'article 730 qui a donné lieu à de graves controverses. Il contient deux dispositions parfaitement distinctes. En vertu de la première, les enfants sont admis à la succession de la victime, quoique le père en soit écarté comme indigne, lorsqu'ils peuvent la recueillir de leur chef et sans le secours de la représentation. Dans ce cas, en effet, ils viennent en vertu de leur vocation propre et ne rencontrent pas entre eux et la succession l'*odieuse tête* de leur père, comme le disait M. Siméon au conseil d'Etat. Cet article, qui semble inutile, tant le principe qu'il énonce est évident et conforme aux règles de la logique, a été édicté pour réagir contre les errements de l'ancienne jurisprudence. Sous l'empire de la législation antérieure à 1789, en effet, la déclaration d'indignité avait pour effet de frapper les enfants de l'héritier innocents de la faute de leur père. De semblables rigueurs se pouvaient com-

prendre dans une législation qui admettait la confiscation et d'autres pénalités excessives, mais n'étaient plus en harmonie avec les principes des lois modernes. Les rédacteurs du Code ont pensé qu'il fallait punir le père et ne punir que lui.

Il y a là cependant un danger moral dont la gravité ne saurait échapper à personne. Qui pourrait affirmer qu'un homme dont la misère ou les passions ont oblitéré le sens moral, ne pourra pas concevoir la pensée d'attenter aux jours de son parent pour faire profiter ses propres fils de son crime ? Toutefois, au-dessus de toutes ces considérations, il est un principe de justice élémentaire et sacré : c'est que les fautes sont personnelles et que les peines ne doivent frapper que le coupable.

122. Si le législateur s'était arrêté là, son but n'eût été atteint qu'en partie. Le père, en effet, aux termes de l'article 384, a l'usufruit des biens de ses enfants mineurs jusqu'à l'âge de 18 ans accomplis ou jusqu'à leur émancipation. Il profite donc, dans une certaine mesure, des successions recueillies par eux. L'exercice de ce droit ne pouvait être toléré en ce qui concerne les biens dont il est privé comme indigne et dont il jouirait ainsi malgré sa faute. C'est là le but et la portée de la seconde règle édictée par l'article 730.

123. Tous les cas qui peuvent se présenter sont-ils prévus par ces deux règles ? Nous devons répondre négativement. C'est ainsi que la loi ne s'explique pas sur le point de savoir si les enfants de l'indigne peuvent venir par représentation de leur père à la succession dont il est exclu. C'est là une des questions les plus importantes et les plus vivement controversées de notre matière.

124. De nombreux auteurs, parmi lesquels il faut ranger les savants auteurs du cours de Code civil d'après Zachariæ, MM. Aubry et Rau (1), soutiennent la négative, en s'appuyant sur les arguments que nous allons faire connaître. L'article 730, disent-ils, prévoit deux cas : celui où les enfants de l'indigne sont appelés à la succession de leur chef et celui où ils y arrivent par le secours de la représentation. Dans le premier cas, la faute de leur père ne leur nuit pas : ils peuvent recueillir la succession. Ils ne le peuvent pas dans le second. Cela résulte nécessairement et par *a contrario* du texte même de l'article qui les admet toutes les fois qu'ils sont appelés « *de leur chef et sans le secours de la* » *représentation.*» Qu'est-ce à dire? Sinon que dans les cas où la représentation sera possible les enfants seront exclus. Or, la représentation, cela est de principe, ne peut être invoquée que par l'héritier qui peut prendre la place d'un autre héritier prédécédé.

La question ne pourra donc se poser que si l'héritier coupable est mort avant le *de cujus*. Dans le cas contraire, il n'était pas besoin d'édicter une disposition spéciale pour exclure les enfants. L'article 744, en effet, qui pose une règle générale, dit d'une manière formelle : « On ne représente pas les personnes vivantes, mais » seulement celles qui sont mortes naturellement ou » civilement. » Ce n'est pas évidemment le cas que le législateur voulait prévoir. M. Siméon disait, en effet, au conseil d'Etat que les enfants ne devaient jamais

(1) Merlin. Repert., v° *représentation*, sect. IV, § 5, n° 7 ; Aubry et Rau, t. IV, p. 176 et 184.

représenter *l'odieuse tête* de leur père. Ainsi, que l'indigne soit mort ou vivant, peu importe ; jamais il ne pourra conférer à ses enfants des droits à la succession. Qu'est-ce, en effet, que la représentation ? C'est une fiction de la loi, dont le résultat (739) est de faire entrer le représentant dans la place, dans le degré et dans les droits du représenté. Les enfants de l'indigne ne peuvent donc réclamer que les droits de leur père. Or, la faute de celui-ci les frappe d'une déchéance absolue ; il a été dépouillé de tous ses droits. Décider autrement, ce serait admettre que la faute du père ne nuit jamais aux enfants, ce qui est formellement contredit par le texte même de la loi.

Qu'on ne dise pas que l'indignité n'est possible que dans le cas de prédécès de la victime. Cela est loin d'être démontré, et pour les deux premiers cas certains auteurs soutiennent, avec grande raison, que l'indignité est encourue par le fait même de la condamnation. On ne peut pas, d'ailleurs, tirer argument d'une solution qui est loin d'être universellement admise.

On ajoute que l'indignité, étant une faute personnelle, ne peut entraîner qu'une peine également personnelle. Il ne s'agit pas ici, il faut le remarquer, d'une peine proprement dite, mais d'une exclusion qui s'applique à titre de peine et qui se traduit par des obligations civiles et pécuniaires et doit dès-lors, à la différence des peines criminelles, rejaillir sur les héritiers du coupable. De pareilles peines ne sont pas sans exemple dans la loi.

Est-ce que les exclusions prononcées contre l'héritier ou la femme commune qui ont dérobé certains objets appartenant à la succession ou à la communauté ne

. frappent pas leurs enfants (792-1477)? Et cependant
ce résultat, si naturel lorsqu'il s'agit de peines purement
civiles, ne semble à personne mériter les reproches que
l'on adresse en une matière analogue au système proposé,
qui, du reste, a été admis par un remarquable arrêt de
la cour de Bordeaux en date du 1er décembre 1853 (1).

125. Nous saurions, quant à nous, nous y conformer.

Nous pouvons au début de cette discussion, et après
ce que nous avons dit à ce sujet, poser en principe qu'il
n'y a pas d'indignité possible si l'héritier coupable est
mort avant le *de cujus*. L'article 730 ne prévoit que le
cas de son prédécès ; il dit en effet : « *les enfants de*
» *l'indigne ;* » c'est assez montrer que, dans l'esprit de
ses rédacteurs, la question du prédécès de celui-ci était
écartée. Quelle probabilité, en effet, que le législateur
ait indiqué par une allusion aussi vague son intention
d'adopter la théorie de l'indignité de plein droit contraire
aux principes de l'ancienne jurisprudence et aux idées
généralement reçues ? Tout, d'ailleurs, prouve que la loi
a visé l'hypothèse dont nous parlions ; pourquoi dire, en
effet, que l'indigne sera privé de l'usufruit légal sur les
biens que ses enfants auraient recueillis dans la succession dont il est exclu ; pourquoi une pareille disposition
si l'on ne supposait pas l'indigne vivant ?

De quel droit pourrait-on venir faire des distinctions
là où la loi n'en fait pas ? Dans le cas où l'héritier coupable est mort avant le *de cujus*, ses enfants doivent
arriver nécessairement à la succession en le représentant.
L'article 739 qu'on invoque contre nous fournit préci-

(1) Dalloz, R. P., 1854, 2e partie, p. 157.

10

sément un argument puissant à l'appui de notre opinion.
Nous l'avons dit plus haut, cette fiction de la représentation ne peut être invoquée par un héritier qu'à la
condition de pouvoir se l'appliquer à lui-même, et d'avoir
une vocation propre et personnelle de son chef à la succession. Or, cette vocation, personne ne la conteste aux
enfants; ils la tiennent de la loi et non de leur père.
Celui-ci, d'ailleurs, s'il eût survécu, eût eu des droits
à la succession; il est vrai qu'il aurait pu, à raison de
sa conduite, en être dépouillé, mais il ne l'a pas été
parce qu'il est mort avant le moment où l'action aurait
pu être intentée contre lui; il est mort *integri status*.
Ses enfants invoquent ses droits qui sont demeurés en-
tiers. Personne ne peut leur en refuser l'exercice.

Qu'on ne parle pas des conséquences de la faute qui
doivent, dit-on, être différentes suivant que les peines
sont civiles ou criminelles. Aucune peine, quelle qu'elle
soit, ne doit frapper un coupable dans la personne d'un
innocent. Les conséquences purement civiles, il est vrai,
sont en général supportées par les héritiers, mais dans
le cas où il s'agit d'obligations pécuniaires dérivant d'un
délit ou d'un quasi-délit; ici il n'y a rien de pareil.
Aucune obligation particulière ne résulte pour le coupable de sa faute; il est frappé d'une déchéance qui ne
doit atteindre que lui.

Il s'agit donc uniquement, dans l'article 730, du cas
où l'héritier coupable a survécu au *de cujus*. Sa présence
empêche ses enfants de venir à la succession. Est-ce
parce qu'il est indigne? C'est parce qu'il est vivant.
L'article 730 ne fait que reproduire la règle énoncée dans
l'article 744. Les exemples de dispositions spéciales rap-

pelant des principes généraux sont assez fréquents dans
le Code pour qu'on ne doive pas s'en étonner, et chercher surtout à en tirer argument pour éluder l'application des principes établis d'une manière claire et précise
par l'économie générale de la loi.

Pour ne citer qu'un exemple, en passant, de cette
anomalie, nous le trouverons dans l'article 787 comparé
à l'article 744 lui-même. Pourquoi, lorsque la loi a dit
qu'on ne représentait jamais une personne vivante, vient-
elle dans un autre article déclarer formellement que :
« On ne vient jamais par représentation d'un héritier
» qui a renoncé : si le renonçant est seul héritier de son
» degré, ou si tous ses cohéritiers renoncent, les enfants
» viennent de leur chef et succèdent par tête » (787).

On le voit donc, il n'y a aucun argument à tirer dans
cet ordre d'idées de l'article 730 : il ne faut y voir que
le simple rappel d'une règle générale. Le système que
nous soutenons est d'ailleurs consacré par plusieurs
législations modernes, et notamment par les Codes
d'Autriche et de la Louisiane (Anthoine de Saint-Joseph,
Concord., p. 38) (1).

§ 3.

126. Nous avons vu qu'à l'égard de l'héritier coupable, considéré dans ses rapports avec ses cohéritiers, la

(1) Demante, t. III, n° 59 bis; Marcadé, sur l'art. 750; Duranton, t. VI, n° 15; Demolombe, n° 292.

déclaration d'indignité avait pour but de faire rescinder la saisine.

Nous devons à présent nous placer à un autre point de vue et considérer les effets de l'indignité dans les rapports de l'indigne avec les tiers.

Que faut-il entendre par ces mots les tiers ? Evidemment ceux dont l'intérêt pourrait être lésé par ce changement d'héritier qui s'opère, ceux par conséquent qui ont traité avec l'indigne, qui ont acquis de son chef des droits réels sur les immeubles de la succession. Ces droits doivent-ils être maintenus ou doivent-ils, au conraire, être résolus en même temps que celui de l'héritier qui les a consentis ? Telle est la question que nous avons à résoudre. Nous croyons que la première opinion doit être admise. Le principe fondamental de cette matière, et que nous sommes obligés de répéter toujours, c'est que l'indignité est une déchéance prononcée à titre de peine contre l'héritier coupable, peine qu'il serait injuste d'appliquer à d'autres qu'à ceux en vue desquels elle a été édictée. D'un autre côté, l'héritier, du jour de l'ouverture de la succession, a été légalement investi de la saisine héréditaire; d'où la double conséquence qu'il a dû agir vis-à-vis des tiers comme véritable propriétaire et que ceux-ci ont dû croire, en effet, qu'il était le seul héritier du défunt. Ils ont donc été de bonne foi au moment où les droits leur ont été consentis. Ils n'en peuvent pas être dépouillés au moment où l'héritier est privé des siens. La peine qui le frappe ne peut pas rejaillir sur eux, au moins pour le passé. Nous verrons tout-à-l'heure qu'il en est autrement en ce qui concerne l'avenir.

Du moment où ils ont légitimement traité avec une

personne qui , légitimement aussi , pouvait leur transmettre des droits , ils n'ont rien à se reprocher. Que
l'héritier coupable ne retire aucun profit de la succession , cela se comprend ; il a commis une faute, il en
doit subir les conséquences. Aller plus loin serait méconnaître les règles de l'équité. Que si les tiers connaissaient la position de l'héritier, les effets seraient différ-
rents et les actes seraient annulés; non parce qu'ils ont
été faits par l'indigne, mais parce qu'ils ont été entachés
de fraude; ce qui est tout différent. D'ailleurs , dit
Chabot : « L'indignité est un cas très-rare, les faits
» qui la constituent sont presque toujours secrets. » Les
tiers peuvent donc et doivent, dans la plupart des cas,
les ignorer. Pourquoi dès lors les frapper? Leur bonne
foi, le caractère intrinsèque même de la déclaration
d'indignité, fait fléchir le principe : *Resoluto jure dantis
resolvitur jus accipientis*.

L'article 958 édicte, en matière d'ingratitude, une disposition analogue. Qu'on ne dise pas qu'il s'agit ici de
donations et de rapports contractuels , qu'il y a des différences entre la révocation pour cause d'ingratitude et
l'exclusion pour indignité. Tous ces arguments dont
nous n'avons pas méconnu la force dans d'autres parties
de ce travail, sont ici sans valeur. Qu'on les emploie lorsqu'il s'agit des rapports du donateur avec les donataires,
de l'indigne avec l'héritier qui l'exclut, rien de plus naturel; mais il s'agit ici de régler les droits des tiers, complètement étrangers à ces rapports que la loi ou le contrat établissent entre deux personnes. Pourquoi ne pas
appliquer la même solution à des cas identiques ?

D'ailleurs , si l'on admettait le système que nous com-

battons, on établirait entre l'incapacité et l'indignité une
assimilation que nous avons repoussée et que tout porte
à combattre. L'incapable ne peut transmettre aucun
droit parce qu'il n'en a jamais eu lui-même : l'indigne,
au contraire, a été investi de la plénitude des droits
héréditaires ; il a donc pu en user à l'égard des tiers. Il
en est déchu plus tard ; mais les actes faits ne sont annulés, pour le passé, à l'égard de ses cohéritiers, qu'en
vertu d'une fiction de la loi qu'il serait, nous croyons
l'avoir démontré, injuste d'appliquer à ces droits.

127. Dans tout ce que nous venons de dire, nous
n'avons pas parlé des rapports de l'indigne avec le cohéritier qui l'évince. Celui-ci pourra agir contre lui et se
faire indemniser s'il a souffert quelque préjudice ; seulement, il n'agira pas en vertu des droits que lui donne
contre son cohéritier la déclaration d'indignité, mais
bien en vertu des dispositions générales de l'art. 1382.

128. Chabot admet sur cette matière l'opinion que
nous venons de développer, seulement il fait des distinctions entre l'acquéreur à titre gratuit et l'acquéreur
à titre onéreux. Le premier doit, par la déclaration d'indignité, perdre les droits qu'il avait acquis ; quant au
second, il les peut conserver parce qu'il est dans une
position plus favorable et plus digne d'intérêt. Nous ne
croyons pas qu'il y ait lieu d'introduire ici d'aussi sub-
tiles distinctions. En pareil cas, il est inutile de rechercher si l'on tâche de conserver un gain ou d'éviter une
perte : *Qui certat de lucro captando* ou *de damno vitando*.
Celui qui n'est pas propriétaire ne peut rien aliéner ;
donc, d'après la rigueur des principes, l'héritier indigne
ne peut valablement consentir des droits. On les maintient

cependant pour les raisons que nous avons données. Dans
ces situations délicates, d'ailleurs, on peut toujours dire
qu'un certain avantage s'attache à la possession : *In pari
causa melior est causa possidentis.* Or, le possesseur ici,
c'est le concesionnaire des droits· réels vis-à-vis de
l'héritier (1).

129. M. Demolombe (2) n'admet pas cette doctrine
et la combat avec une grande énergie. D'après lui, les
droits des tiers n'ont pas été réglementés en cette matière d'une façon particulière ; il faut donc recourir aux
principes généraux. Ces principes, où irons-nous les
prendre? Evidemment ce ne peut être dans l'art. 958
spécial aux donations. Il ne peut, d'après ce savant professeur, être appliqué en notre matière, car des différences nombreuses séparent la révocation des donations pour
ingratitude et l'exclusion de la succession pour indignité.
Ces deux matières se rattachent à des ordres d'idées
complètement distincts et séparés; on ne saurait donc
légitimement transporter de l'une à l'autre les règles
qui leur sont spéciales. De plus, l'indignité est une peine,
sans doute, mais le législateur n'a pas surtout en vue
de punir. Ce qui lui importe, avant tout, c'est de régler
d'une manière précise et sûre la transmission des biens.
La peine n'est pour ainsi dire qu'un moyen. Les règles
fondamentales sur l'hérédité et la dévolution sont celles
qu'il tient à voir surtout conserver et maintenir.

---

(1) Dalloz, P., 1854, II, 157 ; Duranton, t. VI, n° 126 ; Marcadé, 729, n° 1 ; Ducaurroy, Bonnier et Roust., III, n° 433 ;
Chabot, art. 729, n° 22-23 ; Aubry et Rau, t. IV, p. 175.
(2) *Traité des successions,* t. I, n° 311.

Quant à cette considération qu'il n'est pas juste de dépouiller les tiers qui ont cru et dû croire aux droits de l'héritier, elle n'a pas une grande valeur. Dans les contrats, en effet, ce résultat se produit communément, et on n'a jamais songé à en contester la justice. La rescision ou la nullité n'a pas lieu de plein droit, et cependant elle fait tomber les droits des tiers. L'assimilation est complète entre ces deux cas; pourquoi ne pas appliquer les mêmes règles?

130. Nous avons répondu, en exposant notre système, aux divers arguments sur lesquels s'appuie M. Demolombe. Quant à celui qu'il tire des effets ordinaires des actions en nullité ou en rescision en matière d'obligations, nous ne croyons pas pouvoir l'admettre. Comment M. Demolombe, qui repousse l'art. 958 sous prétexte qu'il est spécial aux donations et qu'il y a des différences nombreuses entre l'indignité et l'ingratitude, veut-il appliquer les règles des contrats ou obligations en général? Les raisons qui ont porté le législateur à édicter l'art. 958 se rencontrent toutes dans l'espèce, et nous croyons avoir démontré qu'il ne fallait pas s'arrêter ici aux différences qui se rattachent à un ordre d'idées distinct de celui que nous examinons. Les différences d'ailleurs sont beaucoup plus saillantes si l'on compare l'indignité aux obligations. D'abord, l'une de ces matières est fondée sur la loi qui règle elle-même la dévolution des biens, tandis que l'autre découle de rapports purement contractuels. Puis, le droit qui résulte d'un contrat semblable existe, il est vrai, mais il est imparfait et ne sera plein et entier que par suite d'une ratification expresse ou tacite. Dans le cas d'indignité,

au contraire, tout est déterminé d'une façon définitive. La saisine a rendu l'héritier pleinement propriétaire à l'égard des tiers. Il pourra être privé de ses
droits par le fait de circonstances postérieures, mais
jusqu'à ce moment il en est légitimement investi.

131. Quel que soit d'ailleurs le parti que l'on adopte
dans cette controverse, on doit toujours reconnaître que
l'investiture de tous les droits héréditaires confère à l'héritier le pouvoir d'administrer les biens de la succession.
Les actes d'administration qu'il fera seront donc valables
à l'égard des tiers. D'après M. Demolombe (1), il faudrait
distinguer les actes nécessaires et les actes volontaires
d'administration. Les premiers sont dans tous les cas
maintenus ; les seconds ne le sont que lorsqu'ils rentrent
dans les limites d'une bonne administration.

132. Quant à nous, nous les maintiendrons tous, hors
le cas de fraude qui est toujours excepté. Les actes nécessaires sont donc, et quoi qu'il arrive, toujours maintenus,
même à l'égard du cohéritier demandeur en indignité.
Celui-ci pourra demander à être indemnisé du préjudice
que lui causeront les actes volontaires, car, il ne faut
pas l'oublier, à l'égard de son cohéritier, l'indigne n'a
que l'administration provisoire de la succession.

133. Dans tous les cas, d'ailleurs, il faudra examiner
si les tiers sont ou non coupables de fraude, s'ils ont
connu au moment du contrat les causes d'indignité qui
pouvaient être invoquées contre l'héritier. Leurs droits
ne seront maintenus que si leur bonne foi est constatée.
Il est toujours prudent pour les personnes qui, au mo-

(1) No 512.

ment de contracter avec l'héritier, ont des doutes sur sa position, de s'adresser directement à l'héritier du degré subséquent pour savoir s'il se propose ou non d'exercer son action en indignité. Il pourra agir comme le dépositaire qui soupçonne que la chose à lui donnée en dépôt est une chose volée (1938). C'est une position qui offre avec la précédente de grandes analogies ; on peut donc appliquer aux deux cas la même règle.

134. D'après tout ce que nous avons dit, la saisine est maintenue à l'égard des tiers de bonne foi pour le passé , mais elle est résolue à l'égard de tous pour l'avenir dès que le coupable est considéré comme étranger à la succession ; tous les actes qu'il fait comme héritier sont radicalement nuls. Il n'a pas le droit de poursuivre les débiteurs ; ceux-ci ne peuvent pas, à partir du jour de la demande, faire un paiement entre ses mains. Les hypothèques consenties sur les immeubles héréditaires seront nulles ; cependant l'aliénation d'un objet mobilier serait maintenue en vertu de l'article 2279 du Code Napoléon.

CHAPITRE IV.

DE L'ACTION EN INDIGNITÉ.

135. L'action ne peut être intentée qu'après l'ouverture de la succession. « Que l'indignité soit légale ou » judiciaire, dit M. Demolombe (1), elle suppose néces-

(1) N° 278.

» sairement une relation entre l'indigne et la succession.
» Digne ou indigne, ces mots impliquent une idée de
» comparaison qui exige deux termes : digne en effet,
» de quoi ? indigne de quoi ? Or, ces deux termes, cette
» relation nécessaire ne peuvent exister avant l'ouver-
» ture de la succession. »

Le droit d'intenter l'action en indignité appartient à
toute personne qui a un intérêt direct et actuel à la faire
prononcer. Ce seront en général les cohéritiers de l'héritier coupable, ceux du degré subséquent. Les premiers
en effet recueilleront, s'ils triomphent, la part de leur
cohéritier ; et les seconds la totalité de la succession. Ces
personnes ne sont pourtant pas les seules investies de ce
droit. Les donataires et légataires auront aussi intérêt à
l'exercer, si l'héritier coupable a des droits à la réserve.
Ils seraient en effet obligés, s'il recueillait l'hérédité, de
subir une réduction de leur donation ou legs jusqu'à
concurrence de la quotité disponible dans le cas où les
libéralités du défunt excéderaient cette limite. Les héritiers irréguliers aussi, dont les droits varient suivant
la qualité des parents avec lesquels ils viennent en con-
cours, pourront intenter l'action.

136. La formule que nous avons employée a reçu
jusqu'ici une application constante. Cependant les personnes que nous avons nommées ne sont pas les seules
intéressées dans la question. Les créanciers du cohéritier
du coupable ou ceux de l'héritier du degré subséquent
ne pourront-ils pas, exerçant conformément à l'art. 1166
du Code Napoléon les droits de leur débiteur, intenter
l'action en indignité ? Ils ont intérêt à lui faire acquérir
une succession pour augmenter d'autant leur gage com-

mun. Cela, disent certains auteurs, ne leur est pas permis, car le droit de faire prononcer l'indignité est un
de ces droits attachés d'une façon si intime à la personne
qu'ils ne peuvent pas être exercés par d'autres que par
elle. L'action soulève des questions toujours pénibles à
débattre avec des étrangers, car l'honneur des familles
est en jeu.

Le demandeur, dans tous les cas que nous venons
d'examiner, est tenu de respecter la famille du défunt
auquel il est uni par des liens de parenté ou par le sentiment de la reconnaissance. Comment un étranger
pourra-t-il venir substituer son appréciation à celle de
ces personnes, lui qui ne fera entrer en ligne de compte
que son intérêt pécuniaire ? On ne saurait tirer argument de ce que les créanciers ont le droit d'accepter une
succession que leur débiteur a refusée. Il faut en effet
remarquer qu'en ce cas l'héritier repousse une succession qui lui appartient légitimement, tandis que dans
celui que nous examinons, il refuse d'intenter une action
dont les inconvénients sont graves et le résultat incer-
tain. Or, il faut qu'une succession soit échue à une personne pour que ses créanciers puissent l'accepter (788).

Ce que la loi veut avant tout, ce que chacun doit
vouloir comme elle, c'est que la paix soit maintenue
dans les familles, que des étrangers ne viennent pas
soulever entre parents des discussions irritantes (1).

137. Les motifs qui ont fait édicter l'indignité sont,
croyons-nous, empruntés à des idées plus générales et plus

(1) Marcadé, art. 727, n° 7; Taulier, t. III, p. 156; Dalloz,
R. A., v° *succession*, p. 277; Duranton, t. VI, n° 120.

élevées. Ce n'est pas en vue seulement de l'intérêt privé et
pour régler les rapports de parent à parent, que le législateur a admis cette déchéance. Il a voulu donner aussi
une large satisfaction aux principes d'ordre public et de
morale. Il ne fallait pas que le spectacle scandaleux d'un
homme qui recueille l'héritage de celui qu'il a assassiné
ou calomnié fût donné à la société. L'intérêt privé entre
forcément dans le système de répression organisé par le
Code ; mais il n'y entre que comme conséquence et
moyen d'action. Au-dessus de cette lutte engagée entre
deux héritiers, il faut voir la loi réglant la dévolution
des biens et prononçant contre un coupable un châtiment
exemplaire. Cela est si vrai que l'offensé ne peut pas,
en le pardonnant, détourner de la tête de son héritier le
châtiment qu'il mérite. Si d'ailleurs le droit d'intenter
l'action était un droit accordé aux seuls parents, pourquoi appartiendrait-il aux donataires et aux légataires ?
La raison qui l'a fait accorder à ces personnes, c'est
qu'il importe avant tout que l'héritier soit puni. C'est
donc se mettre en contradiction avec l'esprit de la loi que
de restreindre le nombre des personnes qui ont le droit
de poursuivre ce châtiment. L'action est d'ailleurs dans
le patrimoine de l'héritier auquel elle compète ; ses
créanciers peuvent donc l'exercer (1).

138. Celui auquel elle appartient peut user ou ne pas
user de son droit. S'il renonce, sa renonciation sera-t-elle
valable ? M. Demolombe (2) émet à cet égard des doutes

(1) Demolombe, no 284 ; Aubry et Rau, t. IV, p. 167 ; Mourlon, *répétitions écrites*, t. II, p. 25.
(2) No 285 *bis*.

très-sérieux. L'indignité, dit-il, est d'ordre public ; elle est fondée sur les principes de la morale sociale. Or, il est défendu aux particuliers de déroger, par des conventions particulières, aux lois qui intéressent l'ordre public et les bonnes mœurs (art. 6 Code Napoléon). L'héritier renonçant oppose, si la renonciation est valable, un obstacle absolu à la déclaration d'indignité. Il viole donc la loi ! Le seul moyen de remédier à cet inconvénient, c'est d'annuler la renonciation ; dès lors, l'action ne sera pas éteinte et les créanciers ou les parents d'un degré plus éloigné pourront l'intenter. Si l'héritier auquel elle appartient ne l'exerce pas, l'héritier du degré subséquent pourra le mettre en cause et lui demander s'il entend user de son droit, car ce qu'il faut avant tout, c'est que l'indignité soit prononcée , qu'une action basée sur des motifs aussi graves ne soit pas paralysée par les hésitations d'un parent trop scrupuleux.

139. Quelle que soit la nature de l'action en indignité, répondrons-nous, elle est avant tout, au point de vue de l'héritier qui l'exerce, une action pécuniaire. Ce n'est pas au nom de la morale ou des grands intérêts de l'ordre public qu'il l'intente ; c'est tout simplement pour en retirer un bénéfice. Cela étant posé, il faut rentrer dans l'application des règles générales. La loi a supposé que l'intérêt pécuniaire des héritiers serait un mobile suffisant pour assurer en général l'application de la déchéance qu'elle leur permet de poursuivre. Or, aucun principe n'empêche la renonciation à une pareille action. Qu'on ne dise pas qu'un simple particulier sera plus puissant que la loi et pourra, par un acte émané de son initiative, en paralyser les effets.

Ces arguments que nous avons nous-même présentés lorsqu'il s'agissait de savoir si le pardon de la victime pouvait relever le meurtrier de l'indignité, ne sont plus applicables ici. Nous rejetons l'efficacité du pardon par ce motif principal qu'il est une sorte de pacte ayant pour objet une succession future. Rien de pareil dans le cas qui nous occupe. Il s'agit, en effet, d'une succession actuellement ouverte. Qu'un des parents du *de cujus* renonce à se prévaloir d'un droit pécuniaire qui lui compète, cela est parfaitement licite et légitime. D'ailleurs, quelle espèce d'intérêt aurait un parent éloigné à intenter l'action, puisqu'en définitive le bénéfice en serait toujours recueilli par l'héritier plus rapproché? Celui-ci, en renonçant à l'action, ne détruit pas sa qualité d'héritier, et dès lors il recueillera la succession si celui qui en est nanti vient, par une cause quelconque, à perdre la saisine (1).

140. Nous avons jusqu'ici supposé que l'action en déclaration d'indignité était exercée par une seule personne; c'est là, en effet, l'hypothèse la plus ordinaire. Faisons maintenant un pas de plus et voyons ce qu'il convient de décider dans le cas où elle appartient à plusieurs héritiers à la fois. En théorie et d'après les principes généraux, il est certain que cette action, compétant à tous ceux qui y ont intérêt, peut appartenir à la fois à plusieurs personnes : dès lors être exercée en même temps par elles. Elle est donc divisible. Quelques difficultés peuvent se présenter dans la pratique.

141. Si un seul des cohéritiers du même degré intente

(1) Marcadé, art. 728, n° 77 ; Demante, t. III, n° 50 *bis*.

l'action mais ne demande que sa part héréditaire, il n'y aura pas de difficulté possible. L'indignité sera prononcée contre l'héritier saisi ; mais, relativement à la dévolution des biens, le tribunal, statuant sur les conclusions qui auront été prises devant lui, attribuera au demandeur sa part seulement. Quant au reste, il demeurera à l'indigne qui, à l'égard des autres héritiers ne figurant pas au procès, est investi de la plénitude de son droit. Il profitera donc de la part des héritiers qui auront renoncé à exercer leur action.

142. La question devient plus délicate si le demandeur, au lieu de réclamer seulement sa part héréditaire, a pris des conclusions tendant à se faire attribuer la totalité. Certains auteurs, et notamment Delvincourt (t. II, p. 25), soutiennent que ces conclusions doivent lui être adjugées. Il agit, en effet, au nom de tous, et poursuit un but que la loi se propose avant tout d'atteindre : à savoir l'exclusion de l'indigne. La totalité de la succession lui doit donc être allouée. — (Voir, à ce sujet, un arrêt de cassation du 14 décembre 1813) (1).

143. Nous pensons au contraire, avec M. Marcadé (art. 728, n° 77), que l'indigne profitera de la part de tous ceux qui n'ont pas intenté l'action. Ce résultat, nous venons de le dire, est admis lorsqu'il y a eu renonciation expresse des cohéritiers du demandeur. Mais le silence, l'abstention complète et persévérante lorsqu'une action est intentée, ne prouvent-ils pas que le cohéritier ne croit pas devoir se plaindre, qu'il veut laisser les choses en l'état où elles se trouvent, et ne pas enlever à

(1) Sirey, 1814, I, 66 ; Demolombe, n° 286.

l'héritier saisi la jouissance des biens de la succession ? Certes, une pareille conduite a autant d'énergie qu'une renonciation expresse.

144. L'action en déclaration d'indignité doit être intentée contre le coupable seul. Nous ne croyons pas qu'elle puisse être commencée et même continuée contre ses héritiers, au cas où lui-même serait mort avant toute poursuite, ou bien durant le cours de l'action engagée. Pour justifier notre solution, nous devons faire un appel aux principes généraux.

Une faute a été commise contre le défunt : la condamnation donne satisfaction à la société ; mais il faut plus que cela : il faut qu'il y ait une sanction à la violation des devoirs d'affection qui unissaient le successible au *de cujus*. Cette sanction, ce sera l'exclusion de la succession qui sera prononcée, on le voit, à titre de peine. C'est une peine simplement pécuniaire, il est vrai, mais qui ne ressemble en rien, nous l'avons déjà démontré, à une obligation dérivant d'un délit. Il n'y a aucun engagement contracté pour réparer le préjudice causé.

En vain, dirait-on, que l'indignité n'est pas une peine mais une déchéance édictée par la loi pour que l'indigne ne s'enrichisse pas par un forfait. Nous avouons que nous ne comprenons pas très-bien cette distinction entre une peine et une déchéance infligée à une personne à raison d'un crime qu'elle a commis. N'est-il pas plus simple, plus légitime de dire que c'est à titre de peine et en punition de sa faute que l'héritier est exclu ? S'il en est ainsi, l'action ne peut être intentée que contre l'héritier vivant et saisi.

11

145. Peut-elle être continuée contre ses héritiers par application de la maxime : *Actiones quæ morte pereunt semel inclusæ judicio salvæ permanent ?* MM. Marcadé et Demante le soutiennent. L'article 957, disent-ils, rela-tif à la révocation des donations pour ingratitude, défend d'intenter l'action contre les héritiers du donataire, mais d'après un grand nombre d'auteurs, permet la continua-tion de cette action contre les héritiers. C'est un principe généralement admis. Pourquoi ne pas appliquer la même solution à des cas identiques ?

Cet argument ne nous paraît pas avoir la force qu'on voudrait lui attribuer. Pour pouvoir légitimement conclure de ce qui se passe en matière d'ingratitude à ce qui doit avoir lieu en matière d'indignité, il faudrait pouvoir établir une assimilation complète entre ces deux matières. Or, c'est ce qui ne peut pas être. Des différences profondes les séparent, différences qu'il est inutile d'indiquer ici. Et d'ailleurs, l'assimilation fût-elle possible, il resterait encore à examiner la question sous un autre point de vue. Nous croyons en effet que l'action intentée contre le donataire ingrat ne peut pas être continuée contre les héritiers ; et cela à raison même du motif que nous indi-quions plus haut, à savoir que la révocation de la dona-tion est une peine. Ce ne sont pas là les seuls défauts du système mixte que nous combattons.

146. Nous emprunterons une énergique réfutation à M. Bauby qui s'exprime ainsi dans la *Revue critique de législation* (1855, p. 487) : « S'il ne s'agit que d'une peine » civile et pécuniaire, pourquoi prétendre qu'elle est » soumise aux règles du droit criminel ? Ou bien, si elle » y est soumise, pourquoi ne l'est-elle qu'en partie seu-

» lement ? Est-elle personnelle, elle ne pourra atteindre
» les héritiers ! si elle ne l'est pas, les héritiers pour-
» ront bien la subir, mais il ne sera plus nécessaire
» qu'elle soit personnelle dès le début de l'instance.
» Cette opinion mixte est donc erronée. » Nous sommes
sur ce point, complètement de l'avis de M. Bauby. Mais
de cette contradiction nous tirons une conclusion totalement différente de la sienne. Il admet en effet que
l'action n'est dans aucun cas personnelle; qu'elle n'a
aucun caractère pénal et que dès lors elle peut être
intentée contre les héritiers de l'indigne aussi bien
que contre l'indigne lui-même. M. Demolombe qui soutient aussi cette opinion, déclare que l'indignité étant une
déchéance dictée par la loi pour que le coupable ne s'enrichisse pas en profitant de son crime, doit être appliquée
aussi bien aux héritiers du coupable qu'au coupable lui-
même. Nous avons, croyons-nous, suffisamment réfuté
cette opinion dans les observations présentées plus haut.

147. D'un autre côté, ajoute le savant jurisconsulte
dont nous repoussons la doctrine, il est de principe que
les héritiers succèdent aux obligations de leur auteur et
sont soumis aux mêmes actions que lui. C'est là une
règle générale qui doit être observée toutes les fois qu'il
n'y a pas été apporté d'exception par une disposition
expresse de la loi. Or c'est en vain que l'on chercherait
cette exception dans le Code ; il garde un silence complet
sur tout ce qui a trait à l'action en déclaration d'indignité.
D'où il suit que le législateur a entendu se référer aux
principes généraux. Cette opinion d'ailleurs est conforme
à la tradition historique consacrée, nous l'avons vu, par
Furgole.

Elle a été admise par l'arrêt de la Cour de Bordeaux du 1er décembre 1853, que nous avons déjà cité.

La tradition historique peut être invoquée en notre matière, nous ne le contestons pas, mais nous ne saurions lui attribuer une influence décisive. Les rédacteurs du Code ont apporté de profondes modifications aux principes des lois anciennes, et l'on peut dire que toutes les dispositions relatives à l'indignité manifestent une tendance évidente à réagir contre les anciens errements. C'est ainsi que la loi rejette toutes les conséquences qui se produisaient autrefois relativement aux enfants de l'indigne. Punir des innocents de la faute de leur père, est désormais un résultat que repoussent à la fois et les données de la raison et les principes juridiques (1).

148. De tout ce qui vient d'être dit il résulte que l'action en déclaration d'indignité est une action personnelle. Elle doit donc en principe être portée devant le tribunal civil du domicile de l'héritier coupable. Tel est le cas le plus ordinaire. Il peut se faire cependant qu'elle soit incidente à une autre demande déjà portée devant les tribunaux. C'est ainsi qu'elle peut surgir au cours d'une instance en partage ou en pétition d'hérédité; dans ce cas, il n'est pas de raisons pour se soustraire à l'application des principes généraux; l'action sera donc portée devant le tribunal saisi de la demande principale (2).

149. Peut-elle être portée devant le tribunal criminel

---

(1) Ducaurroy, Bonnier et Roustaing, t. III, n° 431; Demante, t. III, 57 *bis;* Marcadé, art. 72, n° 6; Mourlon, II, p. 25-26, *contrà;* Demolombe, n° 279; Bauby, *Revue critique,* 1855.

(2) Duvergier, t. III, n° 112; Ducaurroy, Bonnier et Roustaing, t. III, n° 451; Demolombe, n° 287.

légalement saisi de la poursuite d'un crime? La question
n'a d'intérêt que dans le premier cas de l'article 727, mais
elle en a un très-grand si l'on admet, comme nous l'avons
fait d'après l'opinion généralement adoptée par les auteurs,
que l'indignité n'a jamais lieu de plein droit, et d'autre
part que l'action ne peut être intentée contre les héritiers
de l'indigne. On comprend dès lors que le demandeur
doive se hâter pour introduire l'instance. Les délais en
effet sont très-courts dans le cas de condamnation à
mort prononcée contre l'héritier coupable. Le moindre
retard amènerait ce résultat contraire à la loi que l'indignité ne pourrait être encourue et qu'une faute demeure-
rait impunie. Aussi M. Demante n'hésite-t-il pas à dire
(t. III, n° 37 *bis*) : « Au cas où l'indignité devra se baser
» sur une condamnation et que la succession sera déjà
» ouverte au moment de l'exercice de l'action publique
» tendant à cette condamnation, l'action en exclusion
» pourra, comme l'action en réparation de dommages,
» être poursuivie en même temps et devant les mêmes
» juges que l'action publique, aux termes de l'article 3
» du Code, Inst. crim. »

En l'absence de toute disposition spéciale, l'action en
déclaration d'indignité est soumise à la règle générale
des prescriptions. Elle ne pourra donc plus être intentée
lorsque plus de trente ans se seront écoulés à partir de
l'ouverture de la succession, lorsque la cause d'indignité
était antérieure à cette époque ; à dater du moment où
l'héritier a été en faute, dans le cas contraire (art. 2262).

APPENDICE.

150. Nous avons eu plus d'une fois, en discutant plusieurs questions controversées, à dire un mot de la révocation des donations pour cause d'ingratitude. Il y a, en effet, entre la théorie qui s'y rattache et celle que nous avons développée, une certaine affinité. Nous avons pensé néanmoins que nous devions, traitant de l'indignité, nous renfermer exclusivement dans l'étude des successions *ab intestat*, et ne pas briser l'unité du sujet en parlant des donations ou des testaments. Nous avons donc complètement laissé de côté ces deux matières, qui reposent sur des principes totalement différents de ceux que nous avions à étudier. Nous allons cependant, pour être complets, mettre en saillie, dans un rapide parallèle, et les points de contact et les différences qui existent entre les deux théories que nous venons d'indiquer.

151. L'ingratitude résulte, comme l'indignité, de l'attentat à la vie du donateur. Cet attentat cependant sera d'une constatation plus facile que dans le cas d'indignité, car la loi n'exige pas que le donataire ait été condamné ; il suffit qu'il soit établi qu'il a attenté à la vie du donateur.

152. L'ingratitude est également encourue si le donataire s'est rendu coupable envers la personne du donateur de sévices, délits ou injures graves. Les juges sont, en cette matière, investis d'un pouvoir absolu d'appréciation. Rien de déterminé, rien de fixe comme dans le cas où il

s'agit de prononcer l'indignité. Le refus d'aliments est aussi une cause de révocation (955).

153. On le voit, la loi s'est montrée beaucoup plus sévère à l'égard du donataire qu'à l'égard de l'héritier. La révocation de la donation sera plus facilement encourue que l'indignité. Un semblable résultat se justifie aisément. La révocation d'une donation a pour effet de faire rentrer les biens dans une famille dont ils étaient sortis par le fait du disposant : elle consacre donc un retour à l'ordre légal des successions. L'exclusion pour cause d'indignité est, au contraire, une dérogation aux règles admises en matière de dévolution des biens et au maintien desquelles le législateur ajoute une grande importance. D'ailleurs, l'héritier tient ses droits de la loi seule, tandis que le donataire tient les siens de la volonté du donateur ; il est donc obligé à des devoirs plus rigoureux de reconnaissance.

154. Le donateur a le droit de renoncer à une action qui lui a été donnée seulement en vue de son intérêt privé. Il peut, en le pardonnant, rendre toute poursuite impossible contre celui qui l'a offensé. Nous avons vu qu'il en est différemment lorsqu'il s'agit des rapports du *de cujus* avec son héritier coupable.

155. L'action en déclaration d'indignité peut être exercée indistinctement par tous ceux qui ont intérêt à le faire ; par les donataires, les légataires du défunt, les cohéritiers du coupable, ou les héritiers du degré subséquent. La révocation de la donation, au contraire, ne peut jamais être demandée que par le donateur seul ou par ses héritiers, mais seulement dans le cas prévu et réglementé par l'article 957.

156. Le donataire contre lequel la révocation est prononcée doit rendre les fruits des biens donnés, comme l'héritier déclaré indigne doit restituer ceux des biens héréditaires; mais, à la différence de celui-ci, il ne les doit qu'à compter du jour où la demande en révocation a été introduite (958).

157. Le droit d'intenter cette action se prescrit par le laps d'une année à partir du jour où le donateur a connu ou pu connaître l'ingratitude.

La déclaration d'indignité peut, au contraire, être utilement demandée pendant trente ans, à partir du jour de l'ouverture de la succession, pour les deux premiers cas ; et pour le troisième, à dater du moment où l'héritier a eu connaissance du meurtre. Les créanciers de l'héritier auxquels l'action en indignité compète peuvent, d'après ce que nous avons dit, l'exercer. Ceux du donateur ne le peuvent en aucun cas.

158. Telles sont les différences que nous devions signaler entre l'indignité et l'ingratitude. Il existe aussi entre elles quelques points de ressemblance.

159. C'est ainsi que la révocation comme l'indignité n'a jamais lieu de plein droit, et ne peut être prononcée que par un jugement rendu au civil sur la demande des parties intéressées (956).

160. Ces deux actions ne peuvent jamais non plus, du moins suivant l'opinion que nous avons admise, être intentées ni continuées contre les héritiers du donataire, ni contre ceux de l'indigne.

POSITIONS.

Droit romain.

I. Le pacte de *constitut* peut opérer une novation *exceptionis ope*.

II. Les obligations naturelles ne peuvent pas donner lieu à la compensation véritable.

III. Le possesseur de mauvaise foi n'est admis à exercer le droit de rétention que pour les dépenses nécessaires.

IV. L'obligation naturelle est soumise à la prescription.

V. L'action *communi dividundo* est une action mixte, en ce sens qu'elle embrasse deux objets distincts : attribution d'un droit de propriété, création d'une obligation.

Ancien droit français.

I. La vente de la chose d'autrui est nulle d'une nullité absolue, en droit coutumier.

II. La *mainbournie* ou puissance maritale est une institution dérivée du *mundium* germanique.

12

Code Napoléon.

I. La femme dotale ne peut pas faire une institution contractuelle relativement aux biens dotaux.

II. Les actes réguliers du tuteur sont aussi valables que s'ils eussent été faits par le mineur lui-même en état de majorité.

III. Les enfants nés d'un commerce incestueux entre personnes pouvant contracter mariage ensemble, avec l'autorisation du chef de l'Etat, ne sont pas légitimés par le mariage ultérieur de leurs père et mère.

IV. La subrogation est une cession fictive de la créance dans la limite des déboursés du subrogé.

V. L'enfant né avant le 180e jour du mariage est légitime.

VI. Les servitudes réelles continues et apparentes péuvent être acquises par la prescription de 10 à 20 ans.

Procédure civile.

I. Le droit de jouissance du concessionnaire d'un chemin de fer peut être saisi par la voie de la saisie immobilière.

II. La déchéance encourue par un créancier forclos ne l'empêche pas d'invoquer l'extinction totale ou partielle d'une créance colloquée.

Droit administratif.

I. L'insertion au *Bulletin des lois* d'un décret qui touche aux droits d'un individu ne peut pas tenir lieu d'une notification régulière.

II. Le règlement d'eau spécial à un ou quelques usiniers peut être attaqué par la voie contentieuse.

III. Les grandes masses de forêts appartenant à l'Etat sont prescriptibles.

Droit criminel.

I. Le faux témoignage, en matière correctionnelle, lors même qu'il ne constitue qu'un simple délit, ne peut être réprimé séance tenante par le tribunal à l'audience duquel il est commis.

II. L'avocat plaidant en cour d'assises a le droit de faire connaître aux jurés le texte de la loi pénale.

Droit commercial.

I. Le gérant d'une société en commandite qui applique à ses affaires personnelles les fonds sociaux, peut être poursuivi pour abus de confiance.

II. Le ministère public ne peut pas être entendu dans les affaires commerciales jugées par le tribunal civil siégeant comme tribunal de commerce.

Vu par le doyen,
CHAUVEAU ADOLPHE.

Vu par le président de la thèse,
G. HUMBERT.

Vu et permis d'imprimer :
Le Recteur,
ROUSTAN.

Cette thèse sera soutenue en séance publique, le 18 avril 1866, dans une des salles de la Faculté de Droit.

TABLE DES MATIÈRES.

CHAPITRE III.

CAUSES D'INDIGNITÉ PROVENANT DE LA VOLONTÉ DU DÉFUNT.

CHAPITRE IV.

RÈGLES RELATIVES A LA DÉVOLUTION DES BIENS ENLEVÉS AUX INDIGNES.

ANCIEN DROIT FRANÇAIS.

CHAPITRE Ier.

PÉRIODE GERMANIQUE.

CHAPITRE II.

PÉRIODE COUTUMIÈRE.

CHAPITRE III.

PÉRIODE ROYALE.

CODE NAPOLÉON.

CHAPITRE Ier.

DES CAUSES D'INDIGNITÉ.

CHAPITRE II.

A PARTIR DE QUEL MOMENT L'INDIGNITÉ EST-ELLE ENCOURUE?

CHAPITRE III.

DES EFFETS DE L'INDIGNITÉ.

CHAPITRE IV.

DE L'ACTION EN INDIGNITÉ.

APPENDICE.

Toulouse. — Typographie de Bonnal et Gibrac, rue St-Rome, 44.

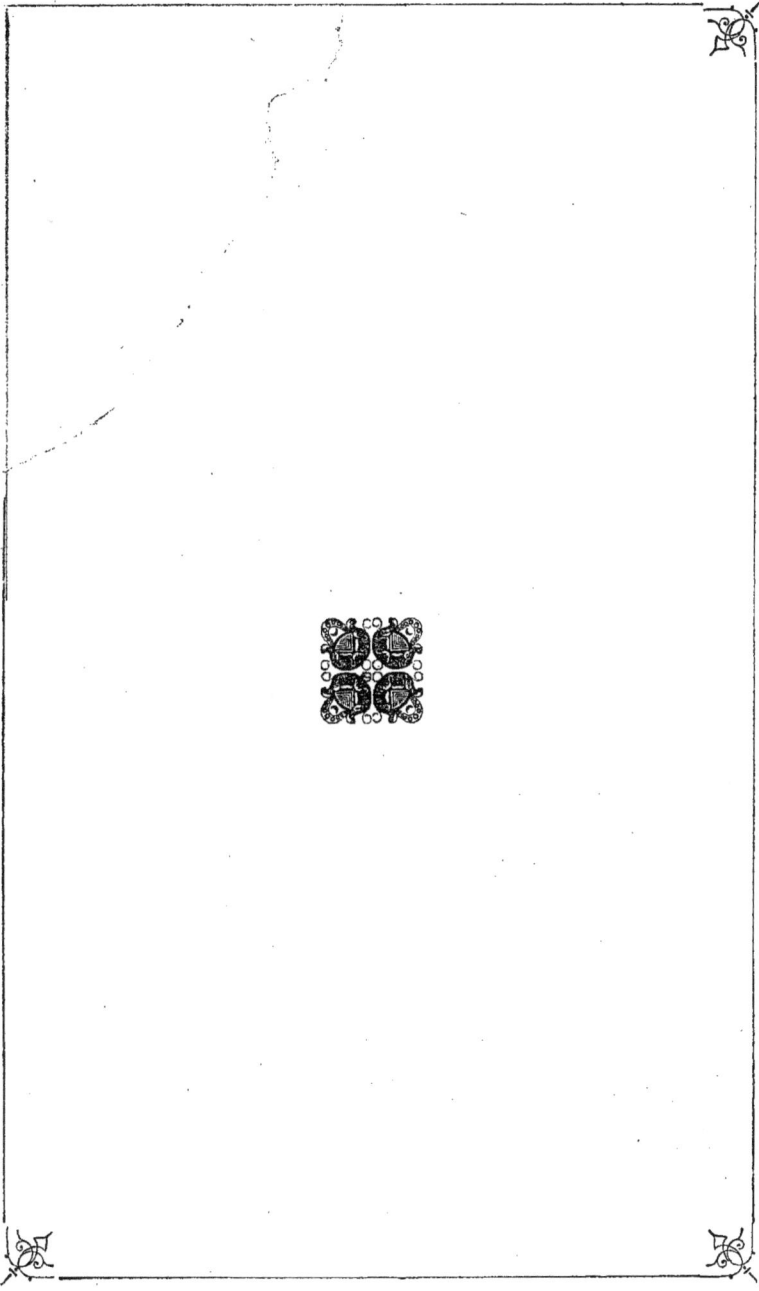

www.ingramcontent.com/pod-product-compliance
Lightning Source LLC
Chambersburg PA
CBHW060554210326
41519CB00014B/3472